Alfons Schweiggert

Das Nachtkastlbuch

Heitere Betthupferl-Geschichten

Alfons Schweiggert

Das Nachtkastlbuch

Heitere Betthupferl-Geschichten

SüdOst Verlag

Bibliografische Information der Deutschen Nationalbibliothek

Die Deutsche Nationalbibliothek verzeichnet diese Publikation in der Deutschen Nationalbibliografie; detaillierte bibliografische Daten sind im Internet über http://dnb.dnb.de abrufbar.
ISBN 978-3-86646-740-8

Bilder:

Innenteil:

Freepik.com, starline/Freepik.com, Ropixel/Freepik

4. Auflage 2019
ISBN 978-3-86646-740-8
Alle Rechte vorbehalten!
© 2019 SüdOst Verlag in der Battenberg Gietl Verlag GmbH, Regenstauf
www.battenberg-gietl.de

Inhalt

Vorwort

Zu den wichtigsten Einrichtungsgegenständen in jedem Haushalt zählt, wenngleich dies vielen oft überhaupt nicht bewusst ist, ohne Zweifel das Nachtkästchen, oder wie man in Bayern sagt, „'s Nachtkastl". Welche Bedeutung gerade diesem unscheinbaren Möbelstück – und dies seit vielen Jahrhunderten – innewohnt, kann man in der ganzen Tragweite erst ermessen, wenn man sich einmal plastisch vorstellt, es sei nicht mehr vorhanden und der Platz neben dem Bett sei von einer Sekunde auf die andere verwaist.

Wo soll man dann bitteschön all die vielen Sachen aufbewahren, die auf der Ablagefläche und in den Schubladen dieses Kleinods untergebracht sind? Man denke beispielsweise an die Brille, die man, sofern kurzsichtig, benötigt, um nachts zielsicher den Weg zu jenem Ort ansteuern zu können, an dem allein gewisse menschliche Bedürfnisse erledigt werden sollten. Und wo legt man die Armbanduhr ab und den Wecker, wenn nicht dort? Wer lässt den kleinen Radio auf sich ruhen? Wo sollte man dann Taschentücher, Tabletten aller Sorten (gegen nächtlich plötzlich auftretende gesundheitliche Beeinträchtigungen), Schreckschusspistolen (gegen mögliche Einbrecher), Schlafmützen (als Wärme spendende Kopfbedeckungen), Taschenlampen (bei Stromausfall), Haarnetze (zur Erhaltung der von nächtlichen Wälzvorgängen bedrohten Frisur), Zweitgebisse (falls überraschend nächtlicher Besuch kommt) und vieles andere mehr aufbewahren, wenn nicht in der Schublade dieses Wunderwerks?

Ganz zu schweigen von gewissen Naschereien, die für entsprechend dafür veranlagte Menschen auch zu jeder Nachtzeit griffbereit verfügbar sein müssen.

Und wer hat nicht gerne ein Buch auf dem Nachtkästchen liegen, um immer danach langen zu können, wenn man dazu unvermittelt das Bedürfnis verspürt? Nur das „Nachtkastl" ermöglicht es einem, ohne besondere Kraftaufwendung nach einem derartigen Buch zu greifen, um darin zu lesen – entweder vor dem Einschlafen, wenn man noch nicht einschlafen kann oder mag, oder nach dem Aufwachen, wenn man noch nicht die Kraft zum Aufstehen hat, aber auch nicht mehr einzuschlafen vermag, oder mitten in der Nacht, wenn man plötzlich aufwacht und nicht gleich wieder einschlafen kann.

Natürlich kommt es stets auf den Inhalt eines solchen Nachtkastl-Buches an, der nicht zu aufregend sein darf, da man sonst die ganze Nacht wach liegen würde, der aber auch nicht einschläfernd sein sollte, weil in diesem Fall die Lektüre vorzeitig ein Ende fände.

Am besten eignen sich dafür, wie auch kompetente Schlafforscher einhellig betonen, entspannende, heitere Geschichten, die ein Schmunzeln auf die Lippen zaubern, das eine oder andere Lachfältchen in den Augenwinkeln aktivieren und auf diese Weise einen gesunden, erholsamen Schlaf vorbereiten helfen.

Genau derartige Geschichten sind in diesem Buch zusammengetragen, weshalb es auch prädestiniert ist, seinen Platz auf dem Nachtkastl zu finden und weshalb es zu Recht auch den anspruchsvollen Titel „Nachtkastl-Buch" verdient.

Alfons Schweiggert, München

Die Entstehung eines Grants

Da gibt es eine Geschichte, die manchmal fälschlich als Witz erzählt wird, dabei ist sie in Wahrheit tief psychologisch. Sie zeigt exakt Ursprung und Motive für einen scheinbar unbegründeten plötzlich beleidigend geäußerten Grant:

Ein Mann – Näheres über ihn zu wissen ist nicht nötig – muß ein paar Tage allein bleiben, weil seine Ehefrau jäh ans Krankenbett der Erbtante abberufen wurde, und da muß sie hin. Was sonst.

Er ist also allein daheim, was ihm schon nicht paßt, und zudem hatte seine Frau gesagt: „Gell, geh mir fei net wieder immer ins Gasthaus, tu du auch a bisserl sparen, ich hab soviel im Eisschrank, auch noch was von dem guten Rindsbraten vom Sonntag, der hat dir doch so g'schmeckt. Mach dir den warm und a paar Kartoffeln dazu –" und was derlei Reisevorbereitungssprüche mehr sind.

Gut, da ist der Rindsbraten. Aber wo sind die Kartoffeln? Er findet keine, auch keinen Reis, nichts, er kennt sich ja weder in der Küche noch mit dem Kochen aus. Just als er zu sich sagt, denn er redet in seiner traurigen Einsamkeit gern tröstend sich selber zu: „Ah was, geh ins Gasthaus, los –! –" – fällt ihm die nette Frau Koch aus dem dritten Stock ein, die immer freundlich grüßt und als hilfsbereit gegen jeden gilt. Vielleicht kann die ihm ein paar Kartoffeln leihen und ihm auch sagen, wie man sie zubereitet.

Er beginnt also vom Parterre aus hinaufzusteigen und überlegt dabei, wie er seine Bitte vortragen soll: „Liebe Frau Koch, entschuldigen S', aber meine Frau ist nämlich auf ein paar Tage verreist, und ich soll mir da was warm machen und Kartoffeln dazu, und jetzt sind gar keine da –"

Doch da bleibt er schon im ersten Stock stehen und denkt: „Das kann ich nicht sagen, weil, was kriegt die Koch für einen Eindruck von meiner Frau, wenn die verreist ist und sagt, ich soll Kartoffeln kochen und dann sind gar keine da. Nein, nein – ich muß sagen, ich bin allein und hab Hunger und hab noch einen so schönen Bratengefunden, und dazu hätt ich mir halt gern a paar Kartoffeln g'macht, aber leider sind keine da, und da sind Sie mir eingefallen, weil Sie doch immer so nett und hilfsbereit sind, und da wollt ich Sie fragen, ob Sie vielleicht zufällig welche im Haus haben und könnten mir liebenswürdigerweise a paar leihen, drei oder vier, und wenn ich dann morgen einkauf, bring ich sie zurück – und außerdem, ich hab einfach zu wenig Erfahrung, wissen S' – darf ich Sie fragen, muß man sie eigentlich vor dem Kochen schälen –?"

Er ist noch nicht im zweiten Stock, als er wieder mit einem Ruck stehenbleibt, weil er denkt: „Was soll ich der des überhaupt alles erzählen, mit meiner Frau und dem Braten, das geht doch die einen Schmarren an. Es g'langt doch, wenn ich höflich sag ‚Leihen S' mir doch bitte a paar Kartoffeln. Ich hab grad keine da'. Und wegen dem Schälen frag ich lieber nicht, sonst hält sie mich für einen kompletten Deppen, der nicht amal das Primitivste weiß – ich werd halt, wenn sie mir vier Kartoffeln gibt, zwei vor dem Kochen schälen und zwei nicht, dann seh ich schon –"

Er steigt weiter und sinniert heftig dazu: „Überhaupt, höflich bitten! Heutzutag – da glaubt die doch, ich hab ein schlechtes Gewissen. Höflichkeit is out. Heut sagt man nur: ‚Haste mal 'ne Zigarette', und wenn man sie kriegt, sagt man nicht mal danke, sondern ‚Gib mal Feuer!' Wie würde sowas ein Preuß sagen? ‚Könn Se mir wo ma eben paar Kartoffeln pumpen.' Das sag ich auch. Und allerhöchstens noch: ‚Bitte.' Alles andere geht doch die Koch nichts an, diese Ratschen! Die erzählt sonst ja doch nur überall von meiner verreisten Frau und mir was herum – nein, nein – kurz und knapp, basta."

Er ist auf halber Treppe zum dritten Stock angelangt. Er sieht schon die Kochsche Wohnungstüre vor sich. Da packt es ihn nochmal: „Wegen dem Schälen kann ich ja sagen: Wie kochen denn Sie Ihre Kartoffeln. Mit Schale oder ohne – und sagt sie ‚mit', sag ich: ‚Ohne san's besser', und sagt sie ‚ohne', sag ich: ‚Ich mag bloß Pellkartoffeln, die san aromatischer'."

Er ist an der Tür, er klingelt, hört drinnen Schritte, da fällt ihm noch ein: „Muß man diese verdammten Kartoffeln in kaltes Wasser legen und aufkochen lassen oder erst einlegen, wenn's kocht – wie die Weißwürscht; das müßt ich auch noch fragen, aber wenn ich das frag, bin ich ganz der Blöde, und überhaupt geh ich lieber ins Gast haus, statt daß ich mich und meine liebe Frau vor so einer Funzn demütige, von der ich nix weiß und die sich dann vielleicht bloß höhnisch –"

Die Tür geht auf, Frau Koch staunt und lächelt: „Da schau her – was führt denn Sie drei Treppen rauf zu mir –?"

Und dies ist der Moment, in dem der psychologische Schaltstoß in ihm knackst. Die Bedrängnis aus Unwissenheit, verreister Frau, Widerwillen gegen demütigende Küchentätigkeit und die Abhängigkeit von einer Hausmitbewohnerin brennt die Sicherung in ihm durch, ein unendlicher Grant bäumt sich in ihm hoch, und er bringt nur heraus:

„Ich – äh – ich äh – wollt Ihnen überhaupts bloß sagen – äh – mit ihre bläden Kartoffeln können S' mich am A… l…!"

So und nicht anders entstehen 67,2 % aller bayerischen Grants.

Kurt Wilhelm

Da Kater Bert

Da Höchste war da Kater Bert.
Er hat da alten Stanglen ghört
und einen solchen Schädl aufghabt,
daß dös glei gar koa Mensch net glaabt.

Dahoam war er im Mietshausbau
im vierten Stock – drunt in da Au.
An Berte hat a jeder kennt.
D' Leit ham an all beim Nama gnennt.
Mit seim Trumm Kopf, de roten Haar
war er a echta Kater-Star.

Er hot koa fremde Katz ogschaut
oder glei gar nach oana ghaut.
Stolz is er auf 'm Fuaßweg gleng,
hat gschiagelt, links und rechts a weng,
und laßt sich absolut net störn,
wenn d' Leit an eahm vorbeigeh tean.

A Maus, an Ratz hat er net gfangt.
Eahm hat ja 's Fleisch vom Metzger glangt.
Für 'n Durst hat eahm 'as Milliwei
sogar an Rahm ins Schüsserl nei.

Da Berte war – ganz ohne Frag –
a Philosoph vom besten Schlag.
Er war, aa wenn ma 's wendt und draht,
wirklich a Kater von Format.

Oa Leidenschaft hat er bloß ghabt:
Er hat nach jedem Spatzn gschnappt.
Der narrisch große Spatzn-Zorn
is eahm dann zum Verhängnis worn.

In seiner Wohnung – vierter Stock –,
da flackt da Bert am Nachmittog
am Fensterbrettl. Er schlaft und traamt.
D' Sonna hat eahm an Bauch aufgwaamt.

Auf oamal werd sei Friedn gstört.
A frecher Spatz hat 'n oplärrt
und sich auf d' Dachrinna higsessn.
Dös is 'as Allergscheada gwesn.

Koan Meter vo eahm hockt er wegga.
Ja, möchst jetzt da net glei varrecka?
Ja, innerlich hat er grad bimmt,
weil sich da Spatz dös Kraut rausnimmt.
Er spannt de Muskeln, macht an Satz
auf d' Dachrinn zuawe, hi zum Spatz.
Da Spatz fliagt weg, da Bert taucht naus
Wia gsagt – vier Stockwerk hat 'as Haus.

Er hat an Spatzn glatt verfehlt.
Dann hat's 'n hi aufs Pflaster prellt.
Aber er steht auf seine Füaß!
Is zwar beinand wia a Pfund Gmüas,
Sunst aber is er unversehrt.
Dös macht eahm koana nach, am Bert.

Jetzt is er übermütig worn.
Hat gmoant, er waar zum Fliang geborn.
Vier Wochen später is 's passiert.
Wieder hat er an Spatz ogstiert,
der auf da Dachrinna ghockt is
und eahm frech einischaut ins Gfrieß.

Er wieder naus, wia selbigsmal.
Und wieder war 's der gleiche Fall.
Da Spatz is furt. Er segelt ro.
Und hat sich 's zwoatemal nix do.

Jetzt war er überzeugt, da Bert,
daß 's Fliang zu seine Gaben ghört.

Dös war a Irrtum, was sich weiste.
Und bis da Berte dös dagneiste,
war scho vorbei sei Katerlebn.
Und dös hat sich ganz schnell ergebn.

Am nächsten Tag hat voller Wuat
da Berte auf sein Spatzn glurt.
's hat net lang dauert, fliagt der o,
sitzt sich pfeigrad vüa 'n Berte no.

Und linst 'n o, scho so vazinkt,
daß a am Bert erst richtig stinkt.
„Heit kimmst ma nimmer aus, dös woaßt.
Heit bist 'as letztmal heragroast.
Heit pack i di bei deim Schmisettl
mit oam Sprung vo meim Fensterbrettl."

So hat da Berte staad sich gschworn
und sich neigsteigert in an Zorn.
Er schnellt mit ganzer Energie
als wia a Pfeil zum Spatzn hi,
streckt seine Kralln aus, hat sich gspannt –
und hat 'n scho beim Federngwand.

Und dann san s' gsegelt. Unterm Falln
hat er an Spatzn in de Kralln,
hat net dro denkt – weil eahm no stinkt –,
daß 's Fliang 'as Pflaster näher bringt.
Und scho war 's da, er fallt so dumm,
draaht sich a zwoamal num und rum
dann war 's vorbei. Da Spatz fliagt weg,
da Kater Bert liegt tot am Fleck.
Jetzt hat er 's ghabt, weil er so wuatig
auf d' Spatzn war. Sei End war bluatig.

Leit, denkts an unsern Kater Bert
Is Leidenschaft 'as Sterben wert?
Koa Leidenschaft, koa Übermuat,
am Boden bleibn – und alls is guat.

Doch weil da Berte in der Tat
bisher no koam was odo hat,
ham s' drobn im Himme gsagt: „Den nehm ma!"
Und glei is er aa einekemma.
Sofort hat er zwoa Flügel kriagt.
Jetzt war 's soweit! Da Berte fliagt!

Endlich hat sich sein Wunsch erfüllt.
Jetzt war sei Sehnsucht restlos gstillt.

Fliagn hat er könna! Wirklich fliagn!
Was er ertraamt scho in der Wiagn,
is jetzt im Himme Wahrheit worn.
Da Berte is wia neugeborn.
Er fragt aa gar nix mehr danach,
daß s' 'n so unsanft und so gaach
dem Erdenlebn entrissen ham.
Koam Spatzn is er mehr no gram.

Und Zeitlang kimmt eahm bloß mehr no
nach seinem Fensterbrettl o.
Inmitten einer Spatzenschar
fliagt er als großer Katerstar
im Himme drobn jetzt umanand.
Schaugt ab und zua aufs Hoamatland,
auf d' Münchner Vorstadt Au, auf d' Weg,
auf seine altbekannten Fleck
und fuiht sich rundum pumperlwohl,
wia ma im Himme sich fuihn soll.

Es hat sich ja aa in seim Lebn
net recht vui Änderung ergebn.
Auf Erden scho an Himme ghabt,
hat 's jetzt mi'm Fliagn halt aa no klappt.
Bloß wart er stolz als wia a Pfau
täglich auf Freind, drunt von der Au.
Denn alle solln 's sofort mitkriagn:
Da Kater Bert! Jetzt konn er fliagn.

Josef Steidle

Schloßbesichtigung

Das Normal- und Gebrauchsschloß finden Sie in jedem Reiseführer ausführlich und zimmerweise und im Bilde dargestellt in den Prospekten, die für den Fremdenverkehr so erfolgreich werben.

Dank den Bemühungen der dauernden Werbung ist das Schloß verkehrstechnisch erschlossen und liegt am Ende einer Straßenbahn oder ist mit den bequem und komfortabel ausgestatteten Omnibussen kinderleicht zu erreichen.

Wir versammeln uns in dem durch seinen kalten Steinfußboden berühmten Vestibül. Zur linken Hand sehen wir die Kasse, die aus einem gelbbraun gestrichenen Tischchen besteht, auf dem der Block mit den Billetten und das Blechkästchen mit dem Geld liegt. Die dort befindlichen Ansichtspostkarten bitte ich vorläufig noch nicht zu beachten, sie haben erst am Ende der Besichtigung in Kraft zu treten.

Die Führung wird in einigen Minuten beginnen, die wir damit ausfüllen können, Schirme und Stöcke abzugeben, da die Wahrscheinlichkeit besteht, daß wir mit ihnen auf das vorhandene Mobiliar und die Bilder eindreschen.

Jetzt betreten wir die große Freitreppe, die überraschenderweise hinaufführt. Sie hat aus Marmor zu bestehen und faßt sich kühl an. Wenn Napoleon in der Nähe war, ist er ganz bestimmt die Treppe hinaufgeritten, denn das ließ der große Korse sich niemals nehmen.

In dem Saal, den wir jetzt erblicken, ist nichts, und deshalb heißt er der Vorsaal. Hier gibt uns der Führer die notwendigen historischen Erklärungen und läßt uns die Filzpantoffeln anziehen. Leider kommt die Sitte der Filzpantoffeln zugunsten der Läufer, die nicht verlassen werden dürfen, immer mehr ab. Ich finde die Filzpantoffeln das Schönste an so einer Schloßbesichtigung.

Das Schloß ist bestimmt ein Lustschloß, denn aus Kummer oder Ärger wurden damals keine Schlösser gebaut.

Aus dem Vorsaal kommen wir in das erste Vorzimmer und dann in das zweite Vorzimmer. Jeder Saal und jedes Zimmer müßte sich in einem Schloß schämen, wenn es nicht mindestens ein Vorzimmer hätte. Es ist gut, daß die Zimmer Deckengemälde haben, denn sonst ließe sich über sie nichts sagen, so aber kann der Führer uns erklären, daß dort oben Neptun und Jupiter und Mars und Venus ununterbrochen klassische Mythologie begehen, die meistens nicht ohne Folgen bleibt. Jetzt betreten wir den Festsaal. Hier haben die Innenarchitekten am heftigsten gehaust und Tisch und Wände mit Schmuck und Stuck bedeckt, wobei für das imposante Deckengemälde Platz gelassen wurde, das sehr symbolisch ist und nach Aussage des Schloßführers den Sieg der Morgenröte über den Ackerbau oder etwas Ähnliches darstellt. Der Führer kennt die Zuständigkeit jeder Figur im Symbolischen und er erläßt uns keine. Das ist nicht gerade bequem, denn der Saal ist hoch, und man muß den Kopf in den Nacken beugen, um zu sehen, wie die Morgenröte alle die übrigen nackten Frauen nach Punkten besiegt.

Die Sessel sind mit gewebten Schäferszenen (französische Arbeit) überzogen, und es ist jetzt verboten, sich auf die Schäferszenen zu setzen, weil sie das auf die Dauer nicht aushalten würden, und von amerikanischer Seite wurden für sie schon hunderttausend Dollar geboten.

Versäumen Sie nicht, vom Mittelfenster aus den herrlichen Blick in den Park zu genießen, denn er ist im Besichtigungspreis des Schlosses miteinbegriffen.

Dieser Saal ist die ganze Freude des Fremdenführers, denn das Deckengemälde enthält eine Figur, die einem überallhin mit den Blicken folgt. Es genügt nicht, daß Sie dieses dem Führer aufs Wort glauben, er verlangt, daß Sie sich von der Wahrheit seiner Behauptung an jeder Stelle des Saales selbst überzeugen. Was, Sie haben noch nicht nachgeprüft, daß die Figur auch in die Ecke beim Ofen blickt? Marsch in die Ecke, hier darf nichts ausgelassen werden!

Wir kommen nun in das Schlafzimmer. Der hohe vergoldete Aufbau ist als Bett anzusprechen. Verwechseln Sie diesen Gegenstand nicht mit Ihrem Bett zu Hause. Seine Hoheit hat sich nicht mollig in die Kissen und Steppdecken kuscheln dürfen, er hat hier den offiziellen Staatsschlaf als Landesvater vollzogen, der ihn niemals die Sorge für seine Untertanen außer acht lassen ließ. Es wird stets ein Geheimnis bleiben, wohin der müde Herrscher am Abend die Hausschlüssel, das Taschentuch und die Brieftasche gelegt hat, denn ein Nachtkastl ist niemals vorhanden. Man muß überhaupt sehr geübt gewesen sein, um in solchen Räumen zu wohnen. Wo sich aber der Mann hingesetzt hat, wenn er mal ein Wurstbrot und ein kleines Helles frühstücken wollte, das weiß auch der erfahrenste Schloßkastellan nicht.

Nun kommen wir in einen Korridor, an dessen Wänden die Porträt einiger hoher Verwandter, etlicher Lieblingspferde und verschiedener großer, seinerzeit besonders schmackhafter Fische zur freundlichen Erinnerung hängen. Wenn wir in diesem Raume angelangt sind, ist es Zeit, sich nach Kleingeld umzutun, denn nun kommen wir bald an die kleine Tür, die zu den Ansichtskarten führt. Die Tür muß klein sein, damit wir nicht in ungeordneten Haufen hinausdrängen, sondern uns einzeln von dem liebenswürdigen Führer verabschieden.

Ich möchte wissen, ob das die Schloßarchitekten schon bei ihrem Bauplan vorgesehen haben.

Walter Foitzick

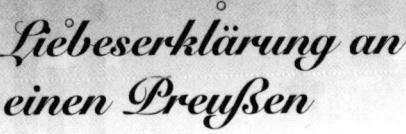

Liebeserklärung an einen Preußen

Uwe Mors aus Blankenau
hat 'ne Münchnerin zur Frau.
Und die ist mit ihm seit Jahren
in der Ehe gut gefahren.
Trotzdem: Gibt's a Tratzerei
gegen „Preißn" – sie dabei!
„Bin ich dir so schlecht bekommen?

Hättste mich ehm nich genommen!"
Uwe sprach's einmal und schmollte,
als sie seinen Stamm verkohlte.
Doch mit Herz und mit Verstand
sie das rechte Trostwort fand:
„Sei ned eigschnappt, Uwe, kimm,
des is ois bloß hoib so schlimm:
Oan dapackt ma ohne Zweifi
– bloß im Rudel habts an Deifi !"

Franz Freisleder

Der innere Schweinehund

In keinem einzigen zoologischen Lehrbuch findet man den inneren Schweinehund beschrieben, nicht einmal mit einer winzigen Zeile wird er erwähnt. Und doch weiß jeder, daß es ihn gibt, geben muß!

Wie sonst wäre es möglich, daß einmal wir ihn überwinden, dann wieder er *uns* besiegt?

Der innere Schweinehund hat sich in des Menschen Brust eine Hütte gebaut. Dort liegt er ständig auf der Lauer, ihn zu Bequemlichkeit und Müßiggang zu verführen. Leider findet er nur allzu oft ein geneigtes Ohr.

Reden wir gleich einmal von meinem eigenen inneren Schweinehund. Kaum hatte er meine Absicht erkannt, über innere Schweinehunde im allgemeinen und ihn im besonderen zu schreiben, kroch er aus seiner Hütte und versuchte, mir das auszureden. (Innere Schweinehunde wollen offensichtlich geheim und unerkannt ihre subversiven Geschäfte betreiben.) Dies waren seine Worte:

„Sei nicht blöd (er duzt mich nämlich) und fang so eine schwierige Sache an. Über innere Schweinehunde hat bis jetzt noch nie jemand gearbeitet, kein Lexikon führt uns auf, mit Abschreiben geht da gar nichts, und von Schnauze zu Schnauze wirst du niemals einen von uns erblicken. Gib's also lieber gleich auf, du armer Irrer, zünd dir ein Pfeifchen an und schau den Krimi im Fernsehen an!"

So unrecht hatte mein innerer Schweinehund nicht! Wie sieht dieses Biest überhaupt aus? Hat es einen Schweinekopf und ein Sauschwanzl, während das übrige Gestell einem Bernhardiner nachempfunden ist, bei eingefleischten Bayern aber vielleicht einem Dackel? Und was unterscheidet es eigentlich vom äußeren Schweinehund?

Schon wollte mein innerer Schweinehund die Oberhand gewinnen, schon holte ich das gute Zwetschgenwasser aus dem Schrank und schob den Fernsehsessel zurecht, da ermannte ich mich im letzten Augenblick noch einmal und scheuchte ihn mit harten Worten zurück.

„Du Schweinehund, du innerer", sagte ich, „beinah wär es dir wieder geglückt! Wie gestern, als du mir eingeflüstert hattest, den vollen Aschenbecher in den Blumentopf zu leeren, worauf die Zimmerlinde abgebrannt ist!"

„Reg dich doch nicht künstlich auf", bellte er dagegen – eigentlich war es mehr ein Grunzen – „es ist ja doch vergebene Liebesmüh! Über mich und meinesgleichen wirst du nichts herausfinden!"

Ich ließ nun aber nicht mehr locker, sondern kämpfte ihn vollends nieder, wie es sich für einen echten deutschen Inneren-Schweine-hund-Überwinder geziemt!

Beleidigt zog er sich in seine Hütte zurück, die ich ganz deutlich über dem Zwerchfell zu verspüren glaube. Wie ich meinen inneren Schweinehund kenne, sinnt er nun auf Rache. Ich kann mich für morgen auf einiges gefaßt machen!

Einstweilen aber gibt er Ruhe, und ich werfe mich voll Eifer auf meine selbstgestellte Aufgabe, dem inneren Schweinehund auf die Schliche zu kommen.

Die allererste Frage muß sein: Wie kommt der innere Schweine-hund überhaupt in unser Inneres hinein? Ist er vielleicht von Anfang an drin, oder gelingt ihm das erst, nachdem der Mensch seine erste Unschuld verloren hat?

Nach meiner maßgeblichen Meinung ist das Letztere anzuneh-men. Im Baby ist noch kein innerer Schweinehund drin, und zwar deshalb, weil es sich nicht lohnt für ihn. Doch dieser paradiesische Zustand dauert nicht lange.

Wenn im Leben des Kindes die Töpferl-Ära beginnt, nistet sich der innere Schweinehund von einem Tag zum anderen in dem ahnungs-losen Geschöpf ein. Er wird entweder mit der Luft eingeatmet oder mit der Flascherlmilch eingesogen, doch auch in den streng ver-schlossenen Gemüsekonserven für das Kleinkind kann er drin sein. Zunächst ein geistiges Wesen, vergleichbar einem bloßen Hauch, nimmt er, im Innern des Menschleins angekommen, alsbald die frag-würdige Gestalt eines Schweinehunds an und beginnt sofort, seine Macht zu erproben.

Erinnern wir uns doch selber zurück an diese Tage! Kurz vorher hatte man uns das Töpferlgehen gelehrt, und hell von Verstand, wie wir bereits damals waren, begriffen wir sofort, um was es ging. Aber nun zog plötzlich der innere Schweinehund in uns ein und telefonierte, wenn uns ein Drang anfiel, in unsere kleine Zentrale: „Laaffa lassn!"

Immer wieder tauchten seinerzeit die furchtbar großen Köpfe der Erwachsenen an unseren Bettstellen auf und formulierten fragend die kindischen Silben a-a, bäbä und wiwi. Wir aber schüttelten vergnügt den Kopf, wie uns der innere Schweinehund befahl, und ließen nebenbei den Dingen ihren freien Lauf. Und das Untier in uns machte, daß uns dabei ein warmes, wohliges Gefühl durchrieselte.

Ja, ein geheimer Triumph erfüllte uns, eine Überlegenheit über die dummen Riesen an unserer Seite mit ihrem läppischen „druckedrucke" und ihren komischen Henkeltöpfchen.

Oh ja, er kann ein raffinierter Verführer sein, der innere Schweinehund, und wer geglaubt hatte, den Kindern sei er noch ferne, der ist gewaltig auf dem Holzweg.

Es scheint mir eine Tatsache zu sein, daß der innere Schweinehund, wenn er einmal Fuß gefaßt hat, den Menschen nie mehr verläßt.

Mit der Zeit gewöhnen sich beide aneinander, und unter Umständen kann sogar eine Art Vertrauensverhältnis entstehen.

Es wäre interessant, die inneren Schweinehunde von bedeutenden Persönlichkeiten näher kennenzulernen. Wer möchte nicht gerne jene Flöhe husten hören, die diese scheinbar privilegierten Tiere ihren Herrn ins Ohr setzen? In Wirklichkeit aber sind gerade diese Schweinehunde die ärmsten Schweine und müssen ohne Unterlaß kuschen; denn der Bundespräsident, um nur ein Beispiel zu erwähnen, kann es sich einfach nicht leisten, dem Drängen seines inneren Schweinehundes nachzugeben und sich am Morgen nicht zu rasieren oder mit verbeulten Hosen ins Geschäft zu gehen, im Gegensatz zu uns, die wir uns zumindest manchmal diese Freiheit nehmen und damit unseren inneren Schweinehund wieder für einige Zeit zufriedenstellen.

Es gilt eben, mit seinem inneren Schweinehund einigermaßen auszukommen! Mir tut es jetzt fast ein wenig leid, den meinen vorhin so vergrämt zu haben. „Wo is er denn", frage ich nach innen, und da kommt es auch schon angeschwänzelt, das anhängliche Schweinehündchen. „Schenk dir ein Bier ein und hör endlich auf", sagt es, „es kommt ja doch nichts Gescheites dabei heraus!"

Aufatmend lege ich den Federhalter beiseite. Warum den armen Kerl immer bloß niederkämpfen? Man muß auch andere mal gewinnen lassen. Und im Grunde hat er ja recht: Es ist eine Wahnsinnsarbeit, über den inneren Schweinehund etwas Konkretes herauszubringen!

Herbert Schneider

Cogito ergo sum

Ich denke,
also bin ich.

Ich denke nicht,
bin aber auch.

Ergo summ ich.

Hardy Scharf

Arm oder gleich

Vor dem Gesetz
sind alle
gleich.

Gleicher
sind nur
wenige.

Immer
sind es
die gleichen.

Hardy Scharf

Wandrers Nachtlied

Über allen Gipfeln
ist Ruh,
denkst du,
ein Hubschrauber
taumelt zu Tale,
vom Tal herauf
brüllt eine Kuh,
just über die dröhnt
eine Boeing,
aus West brummt
ein Jumbo dazu.

Nimm den Walkman ab,
Johann,
dann hörst es auch du!

Hardy Scharf

Fortschritt

Sie streben
und streben
und streben
und streben
und sterben

Hardy Scharf

Mein Leben ist geregelt

Also, mein Leben ist geregelt. Um ganz ehrlich zu sein, ich mag überhaupt keine Abwechslungen in meinem Leben. Mir langt es, wenn jeder Tag ein anderes Datum hat. Ich mag das Regelmäßige, das Kalkulierbare, ich mag es, wenn es so geht, wie es immer gegangen ist. Wer mich nicht mag, der könnt ja vielleicht sagen, daß ich ein bisserl eigen bin, das schon. Aber ich hasse es einfach, wenn mir in meinem ganz normalen Tagesablauf etwas dazwischenkommt. Ich bin beständig, verläßlich, habe meine Gewohnheiten. Und die lasse ich mir doch nicht durcheinanderbringen.

Zum Beispiel geh ich jeden Tag zum gleichen Zeitungsstandl. Da sag ich: „Guten Morgen, Herr Meier…", dem gehört der Zeitungsstand nämlich, ich sag also: „Guten Morgen, Herr Meier. Wie geht's?" Und der Herr Meier sagt auch: „Guten Morgen", und dann: „Das Übliche, Herr Eckl?" Und ich sag: „Das Übliche, Herr Meier." Da krieg ich dann das Übliche: eine Bild-Zeitung, eine Roth-Händle ohne und ein kleines Flascherl Steinhäger. Die Bild-Zeitung klemm ich unter den Arm, den Steinhäger und die Zigaretten schieb ich in die linke

Joppentasche, und ich sag: „Pfüat de, Meier." Und der Meier sagt: „Pfüat de, Eckl."

Das nenn ich geregeltes Leben. Da ist kein Chaos wie sonst überall auf der Welt. Ja, wenn ich einmal um sieben in der Früh nicht zum Meier gehen tät, um die Bild-Zeitung, die Roth-Händle ohne und das Schnapserl zu kaufen, da würde der Meier doch glatt meinen, daß ich entweder gestorben bin, oder was noch schlimmer wäre, der Meier würde meinen, daß er etwas Falsches gesagt hat.

Drum melde ich mich auch immer bei dem Meier ab, wenn ich in den Jahresurlaub fahre. Da sag ich: „Herr Meier, die nächsten vierzehn Tage mach ich Urlaub." Und was sagt der Meier? Der Meier sagt: „Wie üblich, wie üblich." Und ich antwort: „Freilich, wie jedes Jahr zum Waginger See, wie jedes Jahr üblich, wie schon seit zwanzig Jahr."

Ich mag das Durcheinander nicht, und der Meier tät ganz derschrecken, wenn ich zum Beispiel so ganz aus heiterem Himmel an den Riegsee hinfahren tät. Das geht doch nicht! Der Meier muß sich auf mich genauso verlassen können, wie ich mich auf ihn verlaß. Um sieben in der Früh gibt es die Bild-Zeitung, die Roth-Händle ohne und den Steinhäger. Und das nette Gespräch, wo keiner zu viel, aber auch nicht zu wenig sagt.

So ist das immer gegangen, und so geht das weiter, auch wenn mein Hausarzt mir jetzt plötzlich verboten hat, ein Zigaretterl zu rauchen und ein Schnapserl zu trinken.

Ich kann doch deswegen den Meier nicht im Stich lassen. Ich kann doch nicht zu dem Meier sagen: „Kein Steinhäger mehr, keine Roth-Händle ohne." Der Meier rechnet doch mit mir, der muß doch als Geschäftsmann kalkulieren. Ich kann doch dem Meier seinen Umsatz nicht gefährden, bloß weil der Doktor sagt, ich darf das und das nicht.

Also, was muß ich machen, wo ich doch kein Chaot bin? Ich kauf, weil sich der Meier auf mich verlassen kann, weiterhin meine Bild-Zeitung, meine Roth-Händle ohne und mein Schnapserl. Daß ich nicht mehr sauf und nicht mehr rauch, das ist doch kein Grund, daß ich die Sachen nicht mehr kauf.

Na gut, ich hab jetzt schon ein ganz nettes Schnaps- und Zigarettenlager beinander. Ein Zimmer hab ich halt inzwischen ausräumen müssen. Aber das ist mir das Geregelte schon wert. Ist doch was Schönes, wenn der Meier sagt: „Das Übliche." Und ich sag auch: „Das Übliche." So wie seit zwanzig Jahren üblich.

Auf mich ist Verlaß, da können Sie sich drauf verlassen, und der Meier auch.

Helmut Eckl

Kohlen-Story

Der erste Nachkriegswinter zog in das Land. Mit erbarmungsloserKälte. Heizmaterial gab es so gut wie keines. Wir sammelten alles, was einigermaßen brennbar war.

In „Klein-Chicago", wie ein Giesinger Viertel genannt wurde, verheizten im Winter 1945 die Bewohner der niederen Blöcke an der Ungsteiner Straße ihr gesamtes Treppenhaus.

Anschließend fällten sie die Ulmen am Straßenrand und verschürten auch dieses grüne Holz.

Als die Polizei einschritt, kam es zu einer Massenschlägerei. Die Asozialen aus diesem Viertel wehrten sich erbittert ihrer Haut.

Einige Jungens aus diesem Viertel, die als die gefürchtetsten Schläger galten, gingen in meine Klasse in die Martinschule. Wir waren dick befreundet. Ich hatte damals schon einen Hang zu extremen Kreisen, die sich um geltende, falsche Gesellschaftsordnungen einen Pfifferling kümmerten. Die wirklichen Helden unseres Lebens findet man immer in der Gosse. Maxim Gorki wusste das, als er sein „Nachtasyl" schrieb.

Joe war einer der übelsten Schläger aus „Klein-Chicago". Auch damals nannte man sich schon nach amerikanischen Vorbildern.

Wir waren dick befreundet.

In diesem Winter, der alle bisher erlebten Winter für mich zu Sommern machte, kam Joe, der Not gehorchend, auf einen besonderen Dreh.

Er wusste, dass die P.G.-Villen in Harlaching, die von den Amerikanern beschlagnahmt waren, mit ausreichendem Heizmaterial von der Militärregierung versorgt wurden. Er fand, dass dies eine Ungerechtigkeit sei und die Treppenhäuser in „Klein-Chicago" allmählich auch zur Neige gingen.

Es gab noch einen Mann, der die Ansicht von Joe teilte. Und dieser Mann war mein Großvater. Mein Großvater brauchte drei Dinge im Leben: Zigaretten, Bier und eine glühende Herdplatte. Musste er auf eins dieser drei Dinge verzichten, konnte er zur Bestie werden. Und das wollten wir alle nicht.

Genau der richtige Mann für Joe, der vorhatte, einen Amilaster voller Briketts zu käschen.

Mein Großvater arbeitete bei den Amis in der Alabama-Kaserne und sah in Ami-Klamotten fast wie ein Sergeant aus. Außerdem konnte er mit Lastwagen umgehen, obgleich er keinen Führerschein besaß.

Harlaching und Giesing lagen nicht allzu weit voneinander entfernt. Ein Amilaster musste die Strecke in fünfzehn Minuten schaffen. Rechnete man das Abkippen hinzu, so musste die Angelegenheit in dreißig Minuten erledigt sein.

Joes Plan sah folgendermaßen aus:

An der Ungsteiner Straße hatte eine Luftmine das Eckhaus vom Dach bis zum Keller durchgemopst. Fuhr man rückwärts mit einem Lastwagen vor die Ruine und kippte den Inhalt hinein, war dieses „Depot" für Uneingeweihte von außen her nicht zu erkennen.

Deckte man anschließend den Kohlenhaufen obendrein noch mit irgendwelchem Zeug ab, so hatte man für einige Monate ausgesorgt.

Joe baldowerte die nächste Kohlenlieferung aus und bestellte meinen Großvater in seinen Ami-Klamotten und mich zum Tiroler Platz.

Er schärfte meinem Großvater ein, dass er sofort in die Kabine des Lasters flitzen solle und den Treck mit Volldampf zur Ruine steuern müsse, sobald der amerikanische Fahrer ausgestiegen sei. Wie er das bewerkstelligen würde, brauchte nicht unser Problem zu sein.

Es mag heute als gefährliches Unterfangen gelten, doch in jenen Darmdürrtagen wagten andere noch weitaus gefährlichere Unternehmungen.

Nun, mein Großvater und ich standen genau zur vorgeschriebenen Zeit am Tiroler Platz.

Die Straßen waren mit Schneeglätte überzogen und die Bäume mit Raureif. Das Thermometer zeigte minus fünfzehn Grad. MeinGroßvater und ich konnten vor Kälte nicht sprechen. Von Joe weit und breit keine Spur. Die Straßen waren leer wie die Augen eines Toten. Kein Amitreck, einfach nichts. Plötzlich hörten wir das quälende Brummen eines überladenen Lastwagens. Und dann sahen wir ihn, wie er um die Ecke bog, vom Tierparkberg herkommend. Die Briketts türmten sich weit über das Führerhaus hinauf. Nur ein Ami saß darin. Er qualmte eine Zigarette.

Und plötzlich lag ein Mädchen auf der Straße. Mir stockte der Atem. „Menschenskind, Opa, mich laust der Affe! Das ist der Joe! Er hat ein Kleidl an!"

Mein Großvater zitterte am ganzen Körper. Aber nicht vor Angst, so gut kannte ich den Alten, sondern vor Aufregung.

Der Ami trat fluchend auf die Bremse und hupte. Doch Joe, das Mädchen, bewegte sich nicht. Der Fahrer stellte den Motor nicht ab, zog nur die Handbremse an und stieg, eine Litanei amerikanischer Flüche vor sich hinbrummend, aus der Kabine und ging auf das „Mädchen" zu. Das war unser Stichwort!

Mein Großvater rannte als Erster auf den Laster zu, ich dicht an seinen Fersen. Die Straße war so glatt, dass wir mehr schlitterten als rannten. Rein in die Kabine, mein Großvater fetzte den ersten Gang ins Getriebe und schleudernd nach rechts und links jagte er davon. Einige Zentner Briketts purzelten auf das unschuldige Straßenpflaster.

Ich sah im Rückspiegel, wie der Ami wie angewurzelt auf der Straße stand, wild mit den Armen ruderte und keuchend seinem Laster nachrannte. Zwei-, dreimal rutschte er aus und fiel auf die Schnauze. Doch er kam näher! Die Räder drehten durch, und erst als mein Großvater gleich auf den dritten Gang schaltete, vergrößerte sich der Abstand zwischen dem Ami und seinem Treck. Von Joe war nichts mehr zu sehen. Der schlaue Hund hatte gewiss in seinem Plan einkalkuliert, dass der Ami zunächst seinem Laster nachrennen würde. Er hatte also genügend Zeit zu verduften. Mein Großvater saß am Steuer mit zusammengebissenen Zähnen und hatte alle Hände und Füße voll damit zu tun, den schweren Treck auf der glatten Fahrbahn zu halten.

Ich durchstöberte inzwischen das Handschuhfach, schob Kaugummi, Schokolade und Zigaretten in meine Taschen und betete zu meinem Religionsstundengott, dass wir heil bei der Ruine ankommen mögen. Irgendwie schafften wir es auch.

Als mein Großvater rückwärts an die Ruine fuhr, warteten schon ein Dutzend Männer mit Schaufeln auf uns. Fieberhaft suchte mein Alter nach dem Hebel zum Kippen. Und plötzlich donnerten die Briketts in den Ruinenkeller. Die Männer arbeiteten wie die Ameisen, und als wir abschwirrten, war kein Stäubchen mehr zu sehen.

Den Mechanismus, um die Ladefläche wieder in die Horizontale zu bringen, fand mein Großvater nicht mehr. Wir schlingerten mit aufgestelltem Ladeteil davon.

In der Bad-Schachener-Straße ließen wir die Kiste einfach mitten auf der Fahrbahn stehen und rannten über Ruinen, zerbombte Heimgärten und Schneewächten davon. Ich wunderte mich, wie schnell mein Großvater mit seinen einundsechzig Jahren noch rennen konnte. Als wir bei Joe zu Hause klingelten, öffnete uns mein Freund mit breitem Grinsen die Türe. Er trug noch das Kleid seiner Schwester und sah darin gar nicht so übel aus. Die ersten Briketts bullerten schon im Ofen und es herrschte eine Bombenhitze.

Einige Nachbarn saßen noch in der Wohnung herum, und ich stellte stolz eine halb volle Flasche Whisky auf den Tisch. Auch diese hatte ich im Handschuhfach gefunden.

Mein Großvater, Joe und ich waren die Helden des Tages.

Von nun an holten wir uns in schöner Reihenfolge auf dem Leiterwagen jedes Mal einen Sack Briketts, wenn die Kohleneimer Ebbe aufwiesen.

Wir konnten uns kompromisslos auf alle verlassen. Verpfeifen gab es zu dieser Zeit einfach nicht. Die Leute hielten zusammen wie Pech und Schwefel.

Als es ihnen wieder besser ging, verloren sie diese Eigenschaften leider wieder. Wahrscheinlich ein Gesetz des Lebens. Ich drehte noch einige halsbrecherische Sachen mit Joe. Doch die gefährlichste davon war gewiss unser Kohlenabenteuer gewesen. Joe hatte die Begabung eines glänzenden Organisators. An ihm bewahrheitete sich das Sprichwort, dass Schulbildung für den Erfolg im späteren Leben nicht ausschlaggebend sei. Er blieb einige Male „sitzen" und bekleidet heute einen Direktionsposten bei einer Weltfirma. Sein Name ist allen bekannt. Sein Jahresgehalt beläuft sich auf eine Viertel Million. Und Joe heißt er schon lange nicht mehr. Wir sind heute noch befreundet.

Werner Schlierf

Amore

Da Bliiz
hat mi troffa
wia r i di s erstmoi
gsehng hab
in da Sendlinger Straß:
mit dera Stupsnasn
mit dene rotblondn Haar
mit dene schlankn Fessln
und mit dem freindlichn
Ännchen-von-Tharau-Gschau.

A Pepita-Kostüm
hast oghabt
an dem Freitag
wia r a feine Dame.
und wia r i am Samstag,
ozogn wia von an Magnet,
wieda vorbeigschaugt hab,
hast a weiße Spitznblusn tragn
und a rots Faltnröckal
wia r a Teenager in Himbeersaft.
Aber erst am Montag:
da bist oglegt gwen
mit an lila
Rüschalnachthemad
wia r a Unschuid vom Land.
Da hats koa Hoitn
mehr gem
und i bin eini
und hab gfragt,

ob i di net mitnehma derfat
auf ewig.

Aba da sagt
da Herr KONEN:
Nein, bedaure,
aber mir vakaffa
koane Schaufenstapuppn
über d' Straß.

Herbert Schneider

Leberkäs' – pfui!

Die folgende Geschichte hat sich wirklich zugetragen und handelt wieder einmal von einem sprachlichen Mißverständnis zwischen Bayern und Preußen.

Da ist eine sympathische Dame von Berlin nach München gekommen und will während ihres Besuchs sämtliche Schmankerl, die man ihr gerühmt hat, ausprobieren: Weißwürste, Lüngerl mit Knödel, Tellerfleisch und Schmalznudeln hat sie schon mit Vergnügen gekostet. Nun wurde ihr der Leberkäs' vom Metzger Häberl als besonders schmackhaft empfohlen. Die Dame fand auch – nach Beschreibung ihrer Münchner Freunde – den sauberen Metzgerladen mit Schnellimbiß, wo gerade viele Firmenangestellte um ihre Brotzeit anstanden. So hatte sie Zeit, sich umzuschauen. Mit Spannung beobachtete sie, wie eine dampfende, wabblige rosa Masse mit brauner Kruste auf einer großen Kachel gebracht wurde.

„Bitte, ist das Leberkäse?" fragt sie höflich, als sie an der Reihe ist. Der Verkäufer hat schon das Messer in der Hand.

„Pfui", hört sie ihn sagen – und zwar exakt so, wie man in ihrer Berliner Heimat pfui sagt, nämlich ohne p.

„Wie bitte?" Die Dame starrt ihn sprachlos an. Was soll das? Will man ihr nichts verkaufen? Dabei duftet es so appetitlich, daß ihr schon das Wasser im Munde zusammenläuft. „Ich möchte, bitte, von diesem Leberkäse", versucht sie es noch einmal.

„Fui", hört sie wiederum ganz deutlich und nicht gerade höflich Ist es doch kein Leberkäse? Ist es vielleicht Hundefutter? Oder erwartet man, weil sie fein angezogen ist, daß sie nur teures Rindsfilet kauft?

„Oiso, wos is?" kommt wieder die bedrohliche Stimme hinter der Theke, „wia fui?" Und da sie vor Verwirrung nichts antwortet, säbelt er kurzerhand ein gewaltiges Stück herunter. „Z'fui?"

Die Dame ist immer noch sprachlos.

„Oiso ned z'fui! Macht siemfuchzge", und knallt ihr den Teller hin. Jetzt geht der Dame ein Licht auf. Der Leberkäs' schmeckt zwar ausgezeichnet und gar nicht pfui – aber ein bisserl z'fui war es doch. Sie merkt's, als ihr beim Verlassen des Imbißstüberls beträchtlich der Rockbund spannt.

Jutta Makowsky

Diamoi beißts aus

Diamoi da beißts halt oafach aus,
ma ko se wirklich nix mehr merka.
Koan Straßnnama und koa Haus
und koane Leit, dös is dös ärga.

Der Fuim der fallt oan nimmer ei
– net um vui Geld, net ums varrecka –
wo seinerzeit der Dings – dersei, –
der Dings gspuit hat, i kaant glei blecka.

Ihr wißts es scho! Wo sie dann singt,
– die Dings –, dös Liad – wia hoaßts glei wieder? –
Und er dann spinnt und sie umbringt
mitm Dings. Ja, leg di doch glei nieder.

Mir fallts net ei. Es war im Dings –,
im Dingskino z'Haidhausen draußen.
A Tröpferl-Dings war danebn links,
mia san oft drinna gwen beim Brausen.

Da Dings Max und da Dings, da Fritz
de san last oiwei mit mir ganga.
Und ab und zu Dingsmeier Miez;
heit is s' aa scho a oide Zanga.

Z'nachst bin i mit ihr Trambahn gfahrn.
„Ja, so a Zufall", sag i „Zenze,
woaßd no, wia mia im Kino warn?"
„Ja, freili", schnaufts und s'Miader dehnt se.

„Bloß hoaß i Mare und net Zenz!
Du werst aa scho a oider Dackl.
Diamoi da beißts halt aus, gell Lenz."
„Jawoi", sag i. „Und i hoaß Jakl!"

Da hamma aber laut nausglacht
und gwußt, mia san a saubers Paarl.
Doch wer si desweng was draus macht
is dumm. Ma kimmt halt in de Jahrl!

Josef Steidle

Zwei Dutzend Baumstämme – spottbillig

Der Hinterbichler Veri ist mehr als nur ein sparsamer Hauser. Man versündigt sich nicht, wenn man ihn einen Ruach oder einen Pfennigfuchser nennt, einen von der Sorte, die dir um ein Fünferl vom Dach herunterfallen und sich für ein Zehnerl ein Loch durchs Knie bohren lassen.

Da erzählte ihm doch neulich ein landauf, landab bekannter, aber nicht gerade bestens beleumundeter Viehhändler und Heiratsvermittler von einem Sonderling, der nicht ganz richtig im Kopf sein konnte und zwei Dutzend Baumstämme spottbillig verkaufen wolle: den ersten für sage und schreibe einen einzigen Pfennig, den zweiten für zwei Pfennig, den dritten für vier, den vierten für acht und so fort, also immer das Doppelte vom vorausgehenden.

Diese Preisgestaltung interessierte den Veri über die Maßen, denn das konnte ein Geschäft werden: das Holz billig einkaufen, mit der Hälfte einen neuen Stadel bauen und die zweite Hälfte so teuer verkaufen, daß der Stadel am Ende gar nichts gekostet hat.

Zunächst freilich traut der Veri der Sache nicht ganz; aber der Schmuser schwört Stein und Bein, daß sich die Sache so verhalte, wie er berichtet habe.

Der Veri rechnet überschlagsmäßig nach, so gut er kann, und ist nach einiger Zeit beim zehnten Baumstamm angelangt, für den er nach seiner Rechnung 5 Mark und 12 Pfennig zu zahlen hat, wenn da nicht doch noch irgendwo ein Haken ist…

Auf jeden Fall vereinbaren der Schmuser und der Veri einen Termin, bei dem man sich an Ort und Stelle das Holz anschauen und über alles noch einmal reden kann.

Nun, die Stämme entsprechen den Vorstellungen des Xaveri, daran kann es also nicht liegen. Und was die eigenartigen Preisvorstellungen betrifft, so zeigt sich der Besitzer tatsächlich gewillt, den Preis in der genannten Weise zu staffeln.

Weil er aber der Sache immer noch nicht ganz traut, besteht der Veri auf einer schriftlichen Fixierung des ganzen, einer Art Kaufvertrag gewissermaßen. Der Holzbesitzer läßt sich auch dazu herbei, obwohl er meint, ein Handschlag – noch dazu in Gegenwart eines Zeugen – müßte eigentlich reichen. Und so kommt also folgender Vertrag zustande, den der Viehhändler auf einen schon etwas zerknitterten Zettel schreibt:

„Der Waldbesitzer Franz Gstettenbauer verkauft dem Ökonomen Xaver Hinterbichler zwei Dutzend Fichtenstämme bester Qualität zu folgenden Bedingungen: Für den ersten Stamm zahlt der Käufer einen Pfennig, für den zweiten zwei, für den dritten vier, für den vierten acht Pfennig und so fort. Für jeden weiteren also das Doppelte des vorausgehenden."

Nach der geleisteten Unterschrift reibt sich der Veri die Hände wegen des guten Geschäfts, und der Gstettenbauer lacht auf den hinteren Stockzähnen. Gerade das aber macht den Xaver wieder stutzig, und er rechnet zu Hause das ganze noch einmal nach. Er kramt in seinen alten Aufzeichnungen, holt Papier und Tinte und fängt aufs neue zu multiplizieren und zu addieren an.

Für das erste Dutzend errechnet er einen Gesamtbetrag von DM 40,95. So schlimm wie befürchtet kann es also nicht werden, wenn sich auch die Rechnerei zunehmend schwieriger gestaltet. Vor allem steigen die Summen an. Beim fünfzehnten Stamm ist zwar der Stückpreis mit DM 163,84 noch überschaubar, aber beim zwanzigsten liegt er schon bei DM 5 242,88.

Der Veri kommt ins Schwitzen, er will nicht mehr weiterrechnen, die Hände können den Federhalter nicht mehr packen, selbst die Tinte bleibt nicht mehr an diesem ungewohnten Werkzeug haften und kleckst auf das Papier.

Der einundzwanzigste Stamm kostet schon 10 485,76 und der letzte, der das zweite Dutzend voll macht, gar 83 886,08. Dem Xaveri wird ganz schwarz vor den Augen. Da muß doch der Teufel seine Hand im Spiel haben, oder er ist einem ganz abgefeimten Spitzbuben in die Hände gefallen Der Veri zerreißt seine Papiere und fängt von

neuem an, denn vielleicht hat sich auch nur ein Rechenfehler einge-
schlichen. Aber es ändert sich nichts an der Tatsache, daß der vier-
undzwanzigste Stamm fast 84 000 Mark kostet.

Dem Xaver Hinterbichler läuft es abwechselnd heiß und kalt über
den Rücken. Das kann ja nicht sein. Da kämen ja die drei letzten Bäume allein auf nahezu 150000 Mark. Das grenzte ja an Hexerei! Dabei
hatte sich die Sache so gut angelassen. Für die ersten sechs beispielsweise hatte er ganze 63 Pfennig errechnet…

Einige Tage läuft der Veri völlig verstört durch die Gegend und
murmelt unverständliches Zeug. Dann geht er schweren Herzens
zum Gstettenbauern und verlangt, daß der Kauf rückgängig gemacht
werde. Aber der Gstettenbauer ist ein Baazi. Er weigert sich und sagt,
daß der Vertrag nicht bloß unter Zeugen ordentlich zustande gekommen, sondern darüber hinaus auch noch „geschrieben" sei.

In seiner Not kann sich der Veri nicht mehr anders helfen, als zum
Herrn Pfarrer zu gehen und sich bei ihm Rat zu holen. Vielleicht er-
gaben sich beim Hochwürdigen Herrn andere Zahlen. Aber auch der
kommt zu keinem besseren Ergebnis.

Weil der Xaver unmöglich in der Lage ist, diese horrende Summe
aufzubringen, spricht der Herr Pfarrer mit dem gewieften Holzhänd-
ler, der ihm gegenüber seinen Schabernack eingesteht und sich her-
beiläßt, gegen eine ordentliche Brotzeit für ihn und den Schmuser von
seinem Vertrag zurückzustehen. Dem Veri fällt jetzt nicht nur ein Stein
vom Herzen, sondern ein ganzes Fuhrwerk voller Baumstämme.

Josef Fendl

Wann die alt Heindlin auf den Brucker Markt geht

Wann die alt Heindlin auf 'n Brucker Markt hatscht,
da werd z'erst bei der Thalhauserin hingstandn
und werd g'ratscht.

Und bei der Pfreindtnerin bleibt s' aa-r-a bißl steh,
und nachat muaß s' zu der Seitzn Kathrein geh.

Bruader,
da wannst so nachi gangst dene ratschatn Sachn,
aber da müaßt dih bucklig lachn!

Da stellt s' bei der Thalhauserin den schwaarn Korb an Bodn hi,
(weil s' an Schnaps trinkn muaß)
und da kimmt der Thalhauserin sei Hund und hat was im Sih!
Schau, wia er 's Haxl aufhebt!
Und laßt 's scho rinna!

(Oar, denk ich, hat d' Heindlin in sein Korb drinna.)

Bei der Pfreindtnerin wia s' an Korb an Bodn histellt,
kimmt der kloa Spitzl daher und bellt
und riacht.
Aha! sagt er und tuat an G'ruch nachigehn,
is der Thalhauserin sei Hund dagwen!

Und der Spitzl tuat, was er halt toa muaß,
und schickt aa-r-an schön Gruaß.

(Wern scho Oar im Korb drinna sei –
wann 's a gselchts Fleisch waar, wur 's zwider sei!)

Jetz siehgst d' Heindlin bei der Seitzn Kathrein im G'sprach –
d' Hund laffa ihr scho a Zeit lang nach
und freun sih, daß s' an Korb nohmal aus der Hand tuat,
und sagn:
aber der Korb riacht dir guat!

Der Korb riacht nach 'n Schneider Lenz sein Hund,
und nach 'n Hund vom Brunnenmetzger riacht er scharf –
ham mir aa-r-an Bedarf.

(Mei, oh mei! Sie lassen 's gar aso rinna!
Is dengerst koa Mehl und koa Salz net drinna?)

Aha! Jetz merkt 's d' Heindlin aa schoh und schreit:
Jeßmariandjosef!
Jetz is alles gfeit!
Malefi zhund, miserablige,
glei laßt's mir meine Kirtanudl steh!
Meine ganzn Kirtanudln ham s' mir versoacht –
san gwiß alle derwoacht!
Und hat d' Frau Bezirksamtmo extrigsagt:
Heindlin hat s' gsagt,
daßt mir fei' d' Kirtanudln net vergißt,
weil s' mei Moh gar so gern ißt!

Und dee alt Heindlin lupft an Deckl und schaut nach –
ja, hübsch woach is 's scho, dees ganz Sach.
Jetzt woant s'.
Jeh, sagt dee ander, da taat ih jetzt recht plärrn
wegn dee Kirtanudln –

wern scho wieder truckn wern!
Müaß' ma s' halt in's Rohr toa! Moant d' Seitzn Kathrein,
glei leg ih noh a paar Scheitl in Ofen ein.

Und legt nach.
Und tuat d' Nudln in's Rohr.
Und trocknt s' schö staad.
Is d' Nässn weg und der G'ruch is verwaaht.

Und d' Hauptsach is,
daß da Herr Bezirksamtmo seine Nudln net vermißt,
weil er s' gar so gern ißt.

Georg Queri

Ordnung

Ich habe an meinen Schreibtisch ein Plakat gehängt: Man bittet höflichst, Unordnung zu halten. Ich habe es in Rundschrift verfaßt, weil diese Form von Schriftstellerei meiner Hausfrau am meisten Respekt abnötigt. – Aber, allein, indes – als ich heimkam, war der Schreibtisch doch wieder aufgeräumt. Die Bücher standen nach Größe und Dicke geordnet, die Manuskripte nach Oktav- und Quartblättern zusammengelegt, die Zeitungen nach dem Datum aufgeschichtet, die Briefe lagen unter dem Briefbeschwerer, obenauf die Schneiderrechnung, und die Krawatte lag in der Krawattenschachtel, in die doch der Rauchtabak gehörte. Der Rauchtabak indes war im Tabaksbeutel, der in drei Teufels Namen sonst mein Bargeld enthielt. Das Bargeld – na, das war Gott sei Dank ohnehin rar geworden. Wer weiß, vielleicht hätte es die Hausfrau in einer perversen Anwandlung in die Geldkassette gesteckt, in die doch die Zigaretten gehören!

„Hausfrau", sagte ich, und in meiner Stimme bebten nahezu Tränen, „warum haben Sie wieder Unordnung in meine Unordnung gebracht?" – Die Hausfrau war verletzt. Sie hat wie immer nichts – aber absolut gar nichts angerührt. Sie hat nur abgestaubt. Das müßte doch sein. Und jedes Buch und jedes Blatt genau wieder auf seinen Platz gelegt – nur ein bißchen Ordnung habe sie hineingebracht. – Nur z'weng der Unordnung.

Ich knirschte ein bißchen mit den Zähnen, aber nicht zu laut, weil man jetzt so schwer ein Zimmer kriegt, und machte mich gottergeben darüber, wieder geordnete Unordnung in die Ordnung zu bringen. – Nach halbtägiger Bemühung war ich so weit, daß ich das Buch, das ich brauchte, wieder im Augenblick unter dem Sofakissen hervorholen konnte und den Pfeifenputzer in der Blumenvase geborgen wußte. – Die Hausfrau sagte nichts. Aber ihre Augen sprachen: „Saustall!" Und ich wußte, der Krieg war aufs neue erklärt. Zwei Tage hielt ich die Stellung und ging nicht vom Schreibtisch weg, schlief im Stuhl und aß aus der hohlen Hand. Dann mußte ich am dritten Tag eine notwendige Besorgung machen.

„Hausfrau", flehte ich und legte ein Kilogramm Schmalz in meine Stimme, „Hausfrau, bitt' schön! Räumen Sie nicht auf! Ich lese die Bücher weder nach der Dicke noch nach der Größe und schreibe nicht nach dem Papierformat." Rührender kann kein Liebender eine spröde Geliebte um Erhörung betteln. Die Hausfrau hob beteuernd die Hände gen Himmel und sagte: „Ja, was glauben S' denn! Ich hab' noch nie kein Stückl an Ihrem Schreibtisch nicht angerührt.

Ich hab doch noch nie nur ein Blattl verruckt, ich lass' doch alles liegen, wie's liegt!" – Da wußte ich: „Verspielt!" Ich ging in die Kirche und opferte dem heiligen Antonius, dem Schutzpatron für verlorene und verlegte Sachen, eine zweipfündige Kerze, auf daß er die Hausfrau erleuchte.

Als ich heimkam, standen die Bücher nach Dicke und Größe geordnet und so weiter. Die Hausfrau ging mir erst etwas schuldbewußt aus dem Weg; denn es entfuhr mir eine sieben Meter lange Verwünschung. Dann aber sagte sie freundlich: „Es schaut gleich netter aus, wenn ein bißchen abgestaubt ist." – Mein Blick war Klage und Anklage, vermischt mit Verzweiflung. Dann ging ich resigniert daran, meine Schreibtischstellung auszubauen. Die Hausfrau sagte lächelnd: „O mein Gott, Ihnen ging's schlecht, wenn man nicht ein bißchen Ordnung hielte." – Ich griff nach dem Papiermesser. Sie enteilte. Nach einem Tag fand ich mich wieder in meinem Kram zurecht. – Ich kaufte nun einen Apparat mit Fangeisen und Schreckschüssen, stellte ihn auf den Schreibtisch und schrieb dazu: „Obacht! Legbüchsen!!" – Und ging dann mit einem Gefühl der Sicherheit fort. Als ich heimkam, standen die Bücher wieder nach Größe und Dicke geordnet. Die Hausfrau trug die Hand in einer Mullbinde und sagte freundlich: „Die Mausfalle habe ich in den Keller gestellt, wo sie hingehört, und auf dem Tisch habe ich ein bißchen abgestaubt." Jetzt knirschte ich aber hörbar mit den Zähnen. Verzweifelnd machte ich wieder eine ordentliche Unordnung zurecht und zog dann einen elektrisch geladenen Stacheldraht um den Schreibtisch. – So!

Als ich heimkam, standen die Bücher wieder nach Größe und Dicke geordnet, und der Monteur mit Gummihandschuhen und Drahtschere räumte die letzten Verhaue weg. – „Ich weiß", sagte ich mit Grabesstimme zur Hausfrau: „Sie haben nur abgestaubt." – Als ich allein war, hing ich mich mit der Krawatte am Fensterriegel auf. Es muß alles ein Ende haben. – Mein Krieg war verspielt. –

Da ich – in tiefer Ohnmacht befindlich – abgeschnitten wurde und wieder erwachte, galt mein erster Blick dem Schreibtisch. Die Bücher standen nach Größe und Dicke geordnet, die Krawatte lag in der Krawattenschachtel, und die Hausfrau stand mit dem Staubwedel da und staubte die nach dem Format geordneten Manuskriptblätter ab. Dann sagte sie freundlich: „Ich habe Sie vom Fensterriegel weggeholt. Ich habe nichts angerührt. – Nur der Ordnung wegen. Es sieht ein bißchen netter aus, wenn man im Bett stirbt. Ich habe den Fensterflügel nur ein bißchen abgestaubt." – Meine Hoffnung ist ein Jenseits, in dem nicht abgestaubt wird.

Julius Kreis

Märchen I

Da Dracha hod s wieder moi arg triebn:
d Viecher von da Woad gfressn,
Heisa ozindt, kaam daß s fertig warn,
Kinder datrampet, wenn s zum Spuin ausse san,
in Brunna brunzt, mehra Schwefe wia Wasser
und an Wind lassn, daß d Fliang von dem Gstank
tot von da Wand kugelt san.
De scheene schnääweiße Brinzessin
mit de ebnhoizschwarzn Hoar und
dem herzign Mund wia friahreifer Apfe und
de Augerln wiara Woidsää im Herbst
hat redn woin mit eahm aber
nach drei Tag im Drachaloch
is s ois gfoitade zahnluckade kitzgraabe
uroide Schremsn zruckkema, de eigne
Muatta hat s bloß no am Hoisketterl kennt.
Jetz glangts, hod da Brinz gsagt, den längstn
schneidigstn bestn Saabe zogn
und drei Tag und drei Nächt lang zuadroschen
bis bloß no Fetzn da warn aber
aus jedn Fetzn is glei wieder a neia
Dracha gwaxn, jeder greislich wiara Finanzamt,
und alle ham s Gsicht vom Brinzn ghabt
Augn rotglüatig vor lauter Wuat
und da Haß auf d Leit broat und diaf gnuag
fiara neis Jahrhundert.

Josef Wittmann

Märchen II

Da oide oide Kine,
auf de Haxn war a no guad und
mit n Dracha hod a no wacker gstrittn
aber sie hat eahm Krona um Krona aufgsetzt
und d Schranzn am Hof ham aa bloß mehr grinst über eahm
jednfois
hat da oide Kine an Riesen Frust gschom und
bevor er si aufhenkt hat er si denkt
nimm i s Goid und Brillantngraffe und
kaaf ma a neis Reich.
Wahrscheinle
hod er si z lang net entschließn kena
wos fiara Kenigin besser zum habn und
was fiara Dracha leichter zum Stecha waar
jednfois
ham s eahm d Schatztrucha krampfet und
hoamkema is a mit nix.
Wenigstns
brauch i koan Kriag nimmer fiahn
ohne Kasse hod a si denkt
da oide oide Kini und n Strick aufgraamt
jetzt dauert s eh nimmer lang.

Josef Wittmann

Märchen III

A saucooler Brinz mit Ledermontur
und an Fezzn Haß auf n Vater und d Wäid und
auf d Drachabruat und
an Fezzn Rausch aber den hod ma ned gmerkt
weil a was eigschmissn ghabt hod
jednfois
hod n sie
oiso d Brinzessin
woaß da Deife warum
wo s sunst auf Drachanester nix gebn hod und
d Nasn ned hoch gnuag tragn hod kena
jednfois
einilassn und pfeigrad hod s eigschlagn und
natürlich war da Typ auf & davo
bis sie s gspannt hod
und Reich für Reich nimmer zum finden
jetzt
lebt s von da Stütze und
da Schraaz bei da Oma und scho
gäd oiß a Generation weida
wia eh & je.

Josef Wittmann

Ein ungebetener Gast

Die Bar war so etwas wie ein Geheimtipp. Wer sie suchte, musste sich in dem großen Kaufhaus bis an das Ende der Lebensmittelabteilung durchfragen. Alles an der Bar wirkte nüchtern und kühl. Außerdem roch sie nach den benachbarten Fischauslagen. An manchen Tagen, wenn der Geruch besonders aufdringlich war, fühlte man sich in eine Fabrik für Fischkonserven versetzt.

Doch den Gästen schien das nichts auszumachen. Sie kamen wegen der Köchin hinter der Theke, einer handfesten Metzgerin aus Südtirol, die aber lieber Florenz als ihre Heimat angab. Am besten gelang ihr der Zwiebelrostbraten, wobei sie feine Unterschiede machte. Wenn sie jemand nicht mochte, servierte sie ihm fabrikgeröstete Zwiebeln. Wir anderen schauten unschuldig zu.

Weil Franziska, wie sie von ihren Gästen genannt werden wollte, ein heftiges Temperament hatte, geriet sie gelegentlich aus der Fassung. Dann schimpfte sie auf italienisch oder verzog sich in die kleine Küche, wo sie ihren Zorn an den Töpfen ausließ.

Nur selten kam ihr die Sprache abhanden und noch seltener erstarrten ihre flinken Augen. Einmal wurde ich Zeuge einer solchen Erstarrung. Da hatte sich eine Dame reifen Alters an die Bar gesetzt und vor dem Essen wie selbstverständlich ihr Gebiss herausgenommen und mit Haftpulver bestreut.

Franziska sah ungläubig auf das Gebiss und dann der Dame ins Gesicht, die freundlich lächelnd zurückschaute. Das dauerte eine Weile. Dann gefror das Lächeln der Dame. Denn Franziska fragte laut, so dass es alle Umstehenden hören konnten: „Wollen sie ihr Entrecote vielleicht püriert?"

Zweifellos, die Köchin hinter der Theke hatte alles im Griff. Sie liebte das Gespräch mit ihren Gästen. Wenn es sein musste, kramte sie auch das seltsame Latein hervor, das sie einige Jahre in einer Klosterschule genossen hatte. Sogar längere Passagen aus Dantes „Göttlicher Komödie" konnte sie zitieren. Dabei bevorzugte sie die Schilderungen der Hölle. Da ahnte sie noch nicht, dass die Unterwelt schon bald zu ihr kommen würde...

An einem späten Freitagnachmittag, als ringsum nur noch erschöpfte Gereiztheit herrschte, suchte ich wieder einmal die Bar auf.

Ich döste bei einem Pils vor mich hin, bis ich plötzlich den ungebetenen Gast entdeckte. Er hatte einen langen Schwanz und schwarze Knopfaugen. Prüfend blickte er sich um, wobei sich sein Fell in der nach Fisch riechenden Umgebung erwartungsvoll sträubte. Gierig richtete er sich auf seinen Hinterbeinen hoch und schnupperte und sog den verführerischen Geruch ein. So verharrte das Geschöpf Ωer Unterwelt, saß mitten unter uns, unbeeindruckt vom Menschenlärm.

„Drehen Sie sich nicht um", sagte ich zu Franziska. „Erschrecken sie nicht." Aber Franziska dachte gar nicht daran zu erschrecken. „Zeigt sich schon wieder eine?", fragte die Köchin nur. Dann erzählte sie mir leise, damit es die anderen Gäste nicht mitbekamen, von der Invasion der Ratten. Nachts kletterten die Nager aus der UBahn- Röhre empor. Sie krochen und zwängten sich durch alle Ritzen bis in die Lebensmittelabteilung. Diese Ratte, die immer noch auf ihren Hinterbeinen hockte, hatte sogar den Schutz der Dunkelheit verschmäht. Ohne eine Spur von Angst drehte sie den Kopf und betrachtete die Gäste, die viel zu sehr in ihre Gespräche vertieft waren, um den unverfrorenen Eindringling zu bemerken.

Franziska wollte jedes Aufsehen vermeiden. Deshalb versetzte sie ihrem unliebsamen Gast auch keinen Tritt, wie es sonst die Art der Köchin gewesen wäre. Stattdessen griff sie nach dem Deckel einer Schachtel und ließ ihn mit einer eleganten, etwas verlegenen Geste auf die Ratte hinunterfallen. Diese wurde von der plötzlichen Finsternis überrascht, jedenfalls hielt sie ganz still. Oder doch nicht? Denn plötzlich schrie ein Mann, der schon einige Zeit an der Theke verbracht hatte, mit unterdrückter Stimme auf: „Was ist das? Die Schachtel bewegt sich."

Tatsächlich, wie von einer unsichtbaren Hand angeschoben, ruckelte sie vorwärts, Stück um Stück. Franziska sah mich an, bevor sie dem Mann geistesgegenwärtig in die Parade fuhr. „Ich glaube, Sie haben zuviel getrunken", sagte sie energisch. „Sie sehen ja schon Gespenster."

Damit brachte sie den Erschrockenen zum Schweigen. Finster brütend saß er über seinem Bierglas und schüttelte immer wieder den Kopf, während die Schachtel zentimeterweise um die Ecke in die Küche bog.

Es blieb das Geheimnis der Köchin, was sie dort mit dem Boten der Unterwelt anstellte. Aber wer Ohren hatte, der hörte nach einer Weile ein schrilles Pfeifen, wie es manche Tiere in höchster Not ausstoßen.

An diesem Nachmittag zahlte ich rascher als sonst. „Wollen Sie heute keinen Zwiebelrostbraten?", fragte mich die Köchin erstaunt.

Ihre Augen blickten treuherzig. „Mit frischen Zwiebeln. Wie immer."

Erich Jooß

Märzschaden

D Schnäheiffan san gschmoizn,
  da Bodn is aufgleint und woach,
Krokus bliahn im Gartn, im Woid
san d Josephibleamal heraußdn, da Huflattich,
d Himmeschlüssl, da Lerchasporn,
d Wiesn wern schee staad wieder grea
und d Eschn ham nußdicke Knospn
obwoi s mit de Blattl de letztn sei wern.
D Luft is voi Voglgschroa, z höchst
aufm Dach von sein Kobe hockt da Starl
wiara Fürst auf de Zinnen und krachzt si no oans,

bevor s ernst werd mim Fuadasuacha fia d Bruat.
D Kazz stroaft an Winterpäiz ab, schwaare Zeitn
fia n dunkln Anzug, aber d Wärm schliafft
unter d Westn und treibt n Wintergrant aus,
schee, daß s di gibt, Wäid, und wenn i
nimmer dabei waar, gang ma direkt was ab.
Was i sagn wui: es kannt schee sei
und so oder so kannt ma redn davo,
so vui Buida im Kopf, so vui Pläne fia s Lebm,
d Hoffnung fl attert voraus und da Rucksoog
voi Enttäuschung wiegt leicht, März is s
und auf geht s, s Jahr is no lang und da Winter
is so was von vabei, daß ma n schier nimma kennt.

Schad, daß i koa Zeit hab dafia. Termine.
Wenn jetz in der Wocha des neie Produktsystem
net fertig und Haken für Haken in Ösen und Ösen
genau ausdenkt und abgstimmt is, wenn ma need in da Frist
d Ideen zu Buidl gmacht und an Computer voi Daten ham,
wenn ma s net draahn und herziahng, innen und außen
begreifa, need trenna und fügen, net leicht gnuag
mit an eckadn Hirn um d Reibn glanga kenna und
wenn ma s need guat gnuag vakaffa, net richtig
ins Liacht stäin kenna, … wenn s kloanste
schiaf gäht, dann ham den Auftrag d Kinäsn
und mia schicka d Leit aufs Arbatsamt. Den Neibau,
wo alle drauf wartn, weil ma s lang scho vui z eng ham,
den kema vagessen und s schlimmste: da Markt
valafft se, geht mit de besten da hi, wo s Gäid is
und mia tandeln mit oiwei kloanere
Schreiwal in oiwei dünnere Blech.

Was i sagn wui: ois Teil vom Getriebe
kenn i koa Märzluft, a Gschäftsjahr hat
zwoarafuchzg gleiche Wochan und hinter
jedn Termin stäht a endloser Winter. Da flattert
nix fiare, da gibt s nix zum Redn. A Plan is a Plan,
der werd umgsetzt, Blech bliaht net, Schraubn treibn net aus,
und obwoi ma Schräuberl net fressn kon,
miaß ma s draahn, daß ma lebm. So schaugt s aus.

Schad, daß d net auskonst. Märzwind
in dausnd Städte, Leit demonstriern gega n Kriag,
mit da Fahna voraus und an Rucksoog voi Angst,
endlich da Schnä gschmoizn, da Bodn is woach,
schee, daß s di gibt, Wäid, überoin wern s jeden Tag
mehra, de lebn woin und was dafür macha,
Leit, de se quer stäin, koa Sach is so wichtig, daß s
an Heldentod wert waar, sogar Staaten
stäin se auf d Seiten vom Lebm. Hat s was gnutzt?
Wenn da Wäitmarkt a Straß braucht, grabt da
Baggerführer an Berg weg, aa wenn da Maulwurf
a Faust macht. S Lebn is nix wert.

März is s, d Wärm schliafft unter d Westn
und treibt n Wintergrant aus. Da Starl auf seim Kobe
krachzt wiara s ko, er woaß net wia morsch daß
as Stangerl scho is, drum hat er koa Angst.
Himmeschlüssl und Lerchensporn bliahn auf
da Baustäi, da Scher grabt sei Häiffal direkt
hinterm Bagger, mia gebn ma need auf.
Schee is s. Und schad is s.

Josef Wittmann

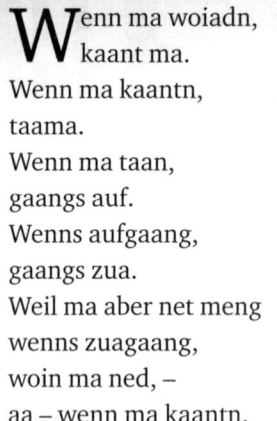

Wenn ma woiadn

Wenn ma woiadn,
kaant ma.
Wenn ma kaantn,
taama.
Wenn ma taan,
gaangs auf.
Wenns aufgaang,
gaangs zua.
Weil ma aber net meng
wenns zuagaang,
woin ma ned, –
aa – wenn ma kaantn.

Josef Steidle

Grimm-Sex

Erst gestern wurde bekannt:
Die Gebrüder Grimm
wurden verführt.
Der eine von Dornhöschen,
der andre von Schneeflittchen.
Als die Ehefrauen
Verdacht schöpften,
erzählte jeder der seinen
ein Märchen.

Hardy Scharf

Karriere

Künstlich
gezeugt,
künstlich
geboren,
künstlich
ernährt,
Künstler
geworden.

Hardy Scharf

Sprichwort

Wenn
ein Versager
ein Sager wird,
macht er den größten
Wortschritt.

Hardy Scharf

Fleischzeit

Oben ohne,
unten ohne.
Nur der Himmel
ist bedeckt.
Aus Protest.

Hardy Scharf

Zeitzünder in Seidenpapier

Jeder, der Ehemännern ins Herz zu schauen vermag, weiß, daß sie nichts lieber täten als ihren Frauen jede Woche einmal Blumen zu schenken. Wer sie daran hindert? Nun ja, das sind die Umstände. Sie sind stärker als ihr brennender, insgeheimer Wunsch.

Erstens einmal ist die Blumensprache in Bayern nicht der Brauch. Die Frau spricht hierzulande zum Manne durch den Duft ihrer Leberknödl, der Mann zur Frau durch den herben Geruch seiner gestopften Socken. Die Folge ist, daß Rosen und Nelken auf der Strekke bleiben.

Man stelle sich nur einmal die Schwierigkeiten für einen Mann vor, der seine Frau zum ersten- und zum letztenmal bei der Hochzeit, und da nur auf Drängen der Schwiegermutter, mit einem Strauß überrascht hat, wenn er plötzlich einen Blumenladen betreten müßte. Da käme es doch sicher zu dem folgenden Gespräch:

Verkäuferin: Sie wünschen, mein Herr?

Der Ehemann, vor Verlegenheit stotternd: Einen Strauß Bluhumen!

Verkäuferin: Wir haben die unterschiedlichsten Blumen. Sie wollen sicher einen Besuch machen?

Der Ehemann: Nein, oder besser gesagt eigentlich ja, ich weiß nicht recht, wie ich es Ihnen erklären soll. Es ist ziemlich ungewöhnlich.

Verkäuferin, mit einem wissenden Lächeln: Nicht so ungewöhnlich, wie Sie denken. Es kommt auf die Gefühle an, die Sie für die Dame hegen. Und auch, wie gut Sie sie kennen.

Der Ehemann: Ich kenne die Dame schon äußerst lange.

Die Verkäuferin: Aha, alte Bande neu knüpfen, diese Fälle haben wir oft. Da erreichen Sie das meiste mit zweifarbigen Hyazinthen…

Man wird zugeben, daß es den Charakter eines Ehemannes, dem so offen eine Geliebte untergejubelt wird, schwer überfordern heißt, wenn er nun die Wahrheit eingestehen und die eigene Frau als Empfängerin preisgeben sollte.

Auf diese vertrackte Weise erfährt nie jemand, was man einer langjährigen Ehefrau eigentlich für Treibhausgewächse mitbringt. Es herrscht da, wenn man so rumfragt, die größte Verworrenheit. Die einen sind für langstielig, die andern für kurzstielig, wieder andere für geruchlos. Die einen halten Gänseblümchen und die Ebene darunter für angebracht, andere sind mehr für Hundsveigerl oder Klatschmohn, während sich die dritten bis in die Höhe von Chrysanthemen versteigen. Praktische Naturen hingegen neigen mehr zu Topfpflanzen. Leider hat es der Blumenhandel bis heute unterlassen, verbindliche Richtlinien herauszugeben.

Nehmen wir an, unser Ehemann flüchtet nicht unter Hinterlassung seines Regenschirms aus dem Laden, sondern läßt sich zum Kauf jener Blumen hinreißen, die zur Wiederannäherung an eine abgelegte Geliebte günstig erscheinen. Er zahlt also 19,80 Euro und begibt sich mit einem raschelnden Seidenpapiersack wieder auf die Straße.

Natürlich ahnt unser Mann nicht, daß er in Wirklichkeit einen gefährlichen Zeitzünder in der Hand trägt. Vorerst bemerkt er nur das eine, daß er plötzlich ein Gegenstand allgemeinen Interesses geworden ist.

Die Leute denken, ihn anstarrend, viele drehen sich sogar nach ihm um, alle ungefähr dasselbe: Eahm schaugts o, den alten Hirschn, er mag aa no auf Freiersfüaß geh!

Ausgerechnet jetzt müssen ihm auch noch ein Bürobote und der Abteilungsleiter über den Weg laufen. Sie grinsen, und in ihren Gesichtern steht geschrieben: Hamma di endli dawischt, schlitzohriger Seitenspringer!

Nur wenige vermuten in anderer Richtung. Die tippen dann auf: Aha, sicher Vater geworden, weil er gar so betreten dreinschaut. Oder: Der alte Hauslschleicher besucht wahrscheinlich eine Erbtante im Krankenhaus.

Der unglückselige Blumenträger täte gut daran, seinen Strauß irgendwo liegenzulassen. Aber nein, in Anbetracht der Unkosten schleppt er ihn auch noch nach Hause. Jetzt freu dich, du armer Teufel!

Voll der zärtlichsten Regungen entfernt unser Ehemann das Papier und stopft es in die Manteltasche. Dann läutet er, freudig erregt. Schau Schatzi, sagt er, was ich dir mitgebracht hab!

Die Ehefrau, abwechselnd rot und blaß werdend: Blumen! Blumen? Ja sag einmal, bist übergschnappt? Ich hab doch gar nix!

Der Ehemann: Ich wollt dir halt einmal eine Freud machen, einfach so, weißt!

Die Ehefrau, mit allen Zeichen der Bestürzung: Mandi, geh ma besser ins Wohnzimmer, damit die Kinder nichts hören (fängt haltlos zu weinen an).

Der Ehemann verdattert: Aber was hast denn?

Die Ehefrau, jetzt hemmungslos schluchzend: Du gemeiner Schuft, warst wieder nicht beim Schafkopfen am Samstagabend, dir schaut ja das schlechte Gewissen direkt aus den Augen, nein, ich tu mir noch einmal was an!

Der arme Kerl, ganz verwirrt: Ja frag doch den Niedermeier Schorschi oder an Rehtaler Peter…

Die Frau: Die brauch ich gar nicht fragen, ihr helft ja doch alle zusammen gegen ein armes, wehrloses Weib!

Der Ehemann, sich windend: Ich hab doch die Blumen…

Die Ehefrau, mit jäh erwachender Hoffnung: Hastas vielleicht gfundn?

Der Ehemann, die Gelegenheit erfassend und sich selbst verleugnend: Freilich, irgendwer hat s' liegenlassen in der Trambahn, und da hab ich mir denkt, bringstas mit heim, bevors welken!

Die Ehefrau, mit einem tiefen Seufzer der Erleichterung: Gott sei Dank, Mandi, und im hab schon glaubt, du hastas kauft! Aber das sag ich dir, wennst mich nochmal so erschrickst, dann kannst was erleben!

Herbert Schneider

Mich regt nix auf

Mich regt höchstens auf, wenn e um fünf Minutn vor dreiviertel achte in der Früh in der Unterhosn im Bad steh und der Nachbarbua im Gang steht, weil a mein Sohn für d Schul abholt. Und weil mei Nachbarbua im Gang steht, konn i net in der Unterhosn durch n Gang geh, und dees regt mich auf.

Drum sog i zu meim Sohn auf d Nacht, morgn in der Früh bist du eine Minutn vor fünf Minutn vor dreiviertel achte in der Früh fertig und holst den Nachbarbua ab – host me?

Am übernächstn Dog war der Nachbarbua, mir wohnen quasi Tür an Tür, zwoa Minutn vor fünf Minutn vor dreiviertel achte in der Früh do, und i no in der Unterhosn im Bad.

Drum sog e zu meim Sohn auf d Nacht, morgn in der Früh bist du drei Minutn vor fünf Minutn vor dreiviertel achte in der Früh fertig und holst den Nachbarbua ab – host me?

Am übernächstn Dog war der Nachbarbua, mir wohnen quasi Tür an Tür, vier Minutn vor fünf Minutn vor dreiviertel achte in der Früh do, und i no nackad im Bad.

Gestern ist dann mei Bua scho um sieben in der Früh zum Nachbarbua nüber.

Wiar e auf d Nacht dann mei Nachbarin troffa hob, hod s gmoant, daß ihr lieber waar, wenn e mein Buam erst um fünf Minutn vor dreiviertel achte in der Früh nüberschicka daad, weil sie vorher no nackad im Bad staand und ihr dees peinlich waar, vor meim Buam vielleicht aa no nackad durch n Gang laffa z müaßn, und drum sollt ich doch wirklich bittschön mein Buam erst fünf Minutn vor dreiviertel achte nüberschickn.

Am nächstn Dog war der Nachbarbua dann wieder do – oa Minutn vor fünf Minutn vor dreiviertel achte.

So wos regt mi dann doch auf!

Helmut Eckl

Da gwampert Gust

Da gwampert Gust
hat an Glust
nach am Trumm Ganserlbrust.
Hams n gfragt,
hat er gsagt:
„Fett is mei Lust."

Oiss was fett is, mag er gern,
dees konnst hörn,
wia r a schmatzt,
eini batzt,
eini druckt,
abi schluckt,
no a Trumm,
waar net dumm,

Und er schnauft,
und er sauft,
no a Bier,
drei a vier.

No a Trumm,
waar net dumm,
eini druckt,
abi gschluckt,
eini batzt,
hintre gschmatzt.

Und er schnauft
und er sauft,
no a Bier,
drei a vier.

In da Fruah,
hoamwärts zua,
hat s n grissn,
hat s n gschmissn,
bleibt er liegn,
hat er gschpiem,
Ganserlfetten,
in da Lettn,
flackt im Baaz,
kimmt da Naaz,
siehgt n flacka
in da Lacka

(sagt er:)
„Du brauchst de letzte Ölung jetzt!"
Da Gust, der röchlt: „Bloß nix Fetts!"   *Alfred Graf*

Torschlußpanik

S ie kam sah –
und schluchzte,
die dämliche, dumme,
dußlige Kuh,
denn das Tor
vor dem Schlachthaus
war bereits
zu.   *Hardy Scharf*

Neue Himmelsrichtung

Statt
Ostern
in der Kirche
Western
zu Haus.

Hardy Scharf

Sagt da Lenz

Echt bayerisch

Bevor a echter Bayer
de drei Worte
„ich liebe dich"
über seine
Lippen bringt,
muaß er erst
drei Maß Bier dringa,
und na konn ers
nimmer sagn –
– sagt da Lenz…

Genußmittel

Vom Raucha
kriagn ma
an' Lungakrebs
und vom Saufa

a dicks Leberl.
Aber da Staat
verdient
ganz schee dabei.
– Und den
könn ma doch net
hängalassn,
sagt da Lenz…

Einfache Lösung

Es kimmt
no so weit,
sagt da Lenz,
daß d'Leit
wieder freiwillig
mehra arbatn,
weil's nimma
wissen,
was' mit
eahnara Freizeit
o'fanga soin.

Bankgeschäfte

Mim Revolver vorm
Bankschalter steh
is idiotisch,
sagt da Lenz.
Du muaßt di
dahinter stelln
und de Leit 's Geld
aus da Taschn ziahng!

Beuys

Im Januar
is er gstorbn, und
im November drauf
habns
an „gfälschtn Beuys"
sein'
„Fuizhuat und Schuahsoin"
für achtundvierzigtausend
„Schmetterling" versteigert.
Jetzt frag i mi ehrlich,
sagt da Lenz,
ob da Michelangelo
net doch
a Arschloch war?

Voreilig

De mehran Gschäftsleit,
de se schnell
gsundgmacht habn,
san heit krank,
sagt da Lenz…

Neid

Dein' Bungalow
und
dei Bankkonto
wenn i hätt,
sagt da Lenz,
na waar i aa
a Kommunist
wia du!

Werner Schlierf

64

So far

Unter Palmen kommt man mit den netten Damen von Samoa ins Plaudern:

Wie geht 's? Woher? Wohin? Bäväria is werri neis!

Woher die das wissen? Wir sind erst zwei Tage da!

Änd Mjunik, das ist sowieso the best! Vor ein paar Wochen waren nämlich schon ein paar Leute aus Mjunik da. Ob wir die kennen?

Oh, leider zufällig nicht!

Wie schade! Aber wir kennen sicher das Lied, das unsere Landsleute unter dem Kreuz des Südens aus voller Brust gesungen haben? Es war so anheimelnd und ist die Münchner Hymne, sagten sie!

Ein Lied? Welches Lied? Welche Hymne?

Ja, so meinen die charmanten Mädels, die Münchner sangen immer wieder: So far, so far, so far!

Jetzt beißt 's aus! So far, so far, so far? Ein Lied unserer Heimat, seine Hymne! Sentimental, schwermütig? Keine Ahnung! Ein neues Rätsel der Südsee!

Ob sie uns die Melodie vorsummen könnten?

Pause

Dann zaghafte Versuche: … … … so far … … … so far … … … so far!

Da ist doch was, da ertönt irgendwie Vertrautes!

… … …

Du liebes Münchner Kindl! Verzeih unseren Landsleuten, was sie da unter dem Himmel der Südsee erklingen ließen!

Dadá dadá dadá dadá – oans, zwoa – – – so far!

Her mit dem nächsten Vailima!

Prost! Gsuffa! So far!

Karl W. Füssl

Das Wolpertinger-Lied

Wenn durch die Alpen, See und Wald
des Wolpertingers Ruf erschallt,
dann wissen Adler, Karpfen, Reh
der Bayern Stolz ist in der Näh.

Der Speichel schafft von diesem Tier
viel Haar und Bart, des Mannes Zier.
Und wer sein Bauchfett still genießt,
Gesundheit, Kraft in dem gleich sprießt.

Der Wolpertinger, wie man fand,
fühlt sich nur wohl im Bayernland.
Er braucht die Erde und die Luft,
den Weißwurst-, Bier- und Brezenduft.

Wer dieses schöne Tier bedroht,
dem droht durch scharfen Biss der Tod.
Er beißt sich fest in Brust und Waden,
und mancher kam schon bös zu Schaden.

Den Wolpertinger lasset leben!
Gar viele soll es nicht mehr geben.
Wir lassen ihn uns nicht entreißen,
gebt acht besonders auf die Preißen.

Den Kini hat man uns ermordt,
das Königreich ist auch längst fort.
Solang wir Wolpertinger sehn,
wird Bayern noch nicht untergehn.

Alfons Schweiggert

Der Kunsthändler

Jakob Stiglmeier hatte zwar nur einen kleinen Hof, aber einen hellen Kopf. Zum einen gehörte eine etwas heruntergekommene Kapelle an der Wegkreuzung zwischen Harpfen und Stocka, zum anderen eine gewisse Bibelfestigkeit und ein angeborenes Verkaufstalent.

Das Kreuz war nur, daß der Jakob des öfteren in Geldnot war. Gut, daß da die Stadtleut und Urlauber, die es neuerdings bis nach Simpering verschlug, ihr Interesse an alten Figuren und anderen altvorderischen Raritäten entdeckt hatten! In der oben genannten Kapelle standen nämlich seit Urgroßvätertagen vier aus Ton gebrannte Plastiken bäuerlicher Provenienz, die vier Evangelisten Matthäus, Markus, Lukas und Johannes vorstellend.

Als der Jakob Stiglmeier wieder einmal knapp bei Kasse war, stellte er alle diesbezüglichen Bedenken zurück und verscherbelte eine dieser Figuren an einen finanzkräftigen Fabrikanten, der im Herbst in Simpering einen kleinen Nachurlaub machte. „San ja allerweil no drei!" sagte unser Kunsthändler und bastelte mit Goldpapier, Pappdeckel, Schere und Leim drei Kronen, setzte sie den Zurückgebliebenen auf die Köpfe, und im kommenden Winter und im nächsten Frühjahr waren in der Stiglmeierkapelle die Heiligen Drei Könige zu bewundern.

In den Pfingstferien kam dann eine Lehrerin vorbei, die an all diesen groben Arbeiten großes Gefallen fand und dem Jakob, der den Kaufpreis inzwischen kräftig erhöht hatte, die nächste dieser Tonplastiken als König David, den alttestamentlichen Psalmensänger, abhandelte.

Die Sommerurlauber sahen jetzt rechts und links des kleinen Hausaltärchens die Apostelfürsten Petrus und Paulus stehen; der eine hatte ein hölzernes Schwert im Gürtel stecken, der andere ein Paar verrosteter Schlüssel an den Bauch gebunden. Just diesen holte sich für sündteures Geld ein Bankdirektor aus der Kreisstadt.

Unser kunstverständiger und bibelfester Bauer nahm dem entgegen allen geschichtlichen Realitäten übriggebliebenen hl. Paulus sein Schwert ab, vertauschte es gegen einen Zimmermannssäge, und die Kapelle hatte einen neuen Patron: St. Josef, den Bauschreiner aus Nazareth und Nährvater Jesu.

Zu diesem Zeitpunkt trat endlich das ein, was die Stiglmeierin schon lange prophezeit hatte: die Strafe des Himmels. An einem schwülen Augusttag kam mit einemmal ein gewaltiger Sturm auf, und als der Bauer nach dem anschließenden Gewitter in der Kapelle nachsah, entdeckte er, daß der bisher so standhafte Josef gefallen war und den Kopf verloren hatte. Die stiglmeier'sche Geldquelle war nun plötzlich vorzeitig versiegt. Hast du gedacht! Der Jakob stellte den Torso wieder auf, legte das Haupt auf einen irdenen Teller daneben und erklärte das Objekt kurzerhand „Johannes den Täufer nach seiner Enthauptung". Und tatsächlich meldete sich eines Tages ein Sammler, der Interesse an der seltsamen Johannes-Schüssel bekundete, sie käuflich erwarb und den Jakob Stiglmeier mit dem Corpus Sancti Johanni allein zurückließ.

Die kleine Kapelle hat heute als sechsten Patron Sankt Bartholomäus, denn der bäuerliche Kunsthändler hat vor kurzem – nach längerem Studium einschlägiger Heiligenlegenden – jene Überreste zur „Haut des hl. Bartholomäus" erklärt und hofft nun wieder auf einen betuchten Käufer, der vermutlich nicht lange auf sich warten lassen wird. Vielleicht hängt eines Tages noch der leere Geldsack von Judas Iskariot in der Stiglmeierkapelle, – wenn der Jakob einmal ganz „abgebrannt" ist. Wundern tät's mich nicht!

Josef Fendl

Feuer unterm Hintern

Diese Geschichte ist schon vor längerer Zeit einmal durch den Blätterwald gerauscht. Es könnte also sein, dass sie der eine oder die andere bereits kennt. Trotzdem, sie hat mir seinerzeit so gut gefallen, dass ich sie heute einmal mehr nacherzählen möchte, obwohl sie sich in unseren Tagen gar nicht mehr so abspielen könnte, weil eben rund um uns alles moderner geworden ist und es diverse Dinge von damals gar nicht mehr gibt.

Allerdings, gar sooo lange ist es auch noch nicht her: –

Zuerst die handelnden Personen als da sind: Franziska Biermöller, genannt Fanny. Anton Biermöller, genannt Toni und seines Zeichens Maler und Anstreicher. Weil der Toni der einzige Malerwaschl im Ort war, hat er eigentlich immer genug zu tun gehabt, an Arbeit hat es ihm also nicht gemangelt. Ganz besonders im Frühjahr, wo so manche Hausfrau vom Bazillus des Großputzes getroffen wird, da möcht' man dann natürlich auch wieder hellere Wände haben, es soll nicht nur draußen alles lichter werden!

Also wie gesagt, der Biermöller Toni konnte sich über zu wenig Beschäftigung nicht beklagen. Und was seine Hauserin anlangt, die hatte eine kleine Landwirtschaft nebenbei zu besorgen, vor allen Dingen etliche Hennen, ein paar Gänse und Enten und ein kleines Gartl mit Salat- und Krautköpfen, Tomaten- und Bohnenstauden.

Was die Biermöllers nicht für den eigenen Bedarf benötigten, das wurde auf dem Wochenmarkt in der nahen Kreisstadt verkauft, so dass die beiden ein recht gutes Auskommen hatten und sich auch gelegentlich einen Ausflug (er) oder ein Kaffeekranz (sie) leisten konnten. Kinder waren noch keine da, aber damit pressierte es den beiden auch nicht. Die würden schon noch kommen, wenn sie es für richtig hielten.

Was ein rechter Malermeister ist, und das kann man vom Toni schon behaupten, dass er seine Arbeiten ordentlich erledigte, der sieht auch einmal so ganz nebenbei, wenn wo ein Anstrich oder eine Ausbesserung nötig ist, ohne dass er dafür gleich geholt und bezahlt wird. Da war im Nachbarhäusl von der Klinger Babett ein Fensterladen schon arg verschossen. Die Babett hatte wenig Geld, beziehungsweise sie notniggelte ein wenig zu viel mit ihren Nutschgerln und holte die Handwerker immer erst dann, wenns gar nicht anders ging. Der Toni aber hatte eben jenen geschossenen Fensterladen schon die längste Zeit im Auge und so holte er, bald nach seinem Feierabend, den Topf mit dem grünen Lack und ein wenig Schleifpapier und machte sich unaufgefordert an die Arbeit. Er konnte den abgeblätterten Fensterladen einfach nimmer anschaun, noch dazu, wo der auf seiner Wohnzimmerseite war und ihm so dauernd ins Auge stach.

Die Babett war nicht da, war in die Abendmesse gegangen, sonst hätte sie sich diesen „Liebesdienst" des Nachbarn kaum gefallen lassen, denn schließlich wollte sie von niemandem etwas geschenkt.

Jetzt macht so ein einschichtiger Fensterladen nicht gar zu viel Arbeit, wenn ein Meister sein Handwerk versteht. Ein bißl abschleifen, drüberstreichen, trocknen lassen, noch etwas nachstreichen und fertig, zumindest für' s Auge und als kostenloser Freundschaftsdienst sollte 's das tun.

Einen Fehler hatte er allerdings gemacht, der Biermöller Toni: er hatte keinen Malerkittel an! Freilich, es war ja schon Feierabend und eigentlich hätte er auch gar nichts mehr malern wollen und sollen, aber wie's halt so geht, es hatte ihn der Eifer gepackt und die Gelegenheit war günstig gewesen von wegen der Abwesenheit der Frau Nachbarin. Und wie das beim Anstreichen halt hin und wieder passiert, er hatte sich sein Hemd mit angemalt. Nicht sehr viel freilich, aber ein paar grüne Spritzer hatte es doch abbekommen.

Wie man verstehen wird, war seine Fanny darüber nicht sehr erbaut. Es war zwar nicht das einzige Hemd vom Toni aber auch nicht grad eines von den schierlichen, ausrangierten. So nahm sie das Flaschl mit dem Waschbenzin, einen passenden Lumpen und versuchte die Farbtupfer aus dem Flanell zu reiben. Es ging auch ganz gut, sie konnte beinahe alle Spuren tilgen, verbrauchte aber dabei doch eine ganze Menge aus dem Benzinflaschl und der Lumpen stank dann eben nach Farbe und Benzin. Wohin nun damit, damit der Geruch nicht in der Wohnung hängen blieb? Die Biermöller hatten draußen im Garten ein Häusl, das bewusste Häusl mit Herz, das es eben heute kaum noch gibt, höchstens im Bauernhofmuseum. Fanny ging also über den Hof, öffnete die „herzige" Tür, lupfte den hölzernen Deckel der gleichfalls hölzernen Sitzgelegenheit und warf den benzingetränkten Lumpen dort hinunter, wo sonst anderer „Abfallprodukte" zu landen pflegen. Das wäre nun weiter nicht so arg gewesen, denn wie gesagt, es war eine sehr aufnahmebereite Grube.

Aber – nur wenig später bedrängte den Toni ein menschliches Gefühl. Weil es ihm allerdings noch nicht recht pressierte, wollte er es sich gemütlich machen, nahm das Wochenbladl mit aufs Häusl, dessen Blätter dann einem hinterlisten Zweck dienen konnten, und zündete sich seine Feierabend-Virginia an.

Er hockte also, las und rauchte und war auch sonst mit seiner Nebenbeschäftigung ausgefüllt. Als er mit letzterer abgeschlossen und die nötigen Zeitungsseiten zweckentfremdet verwendet hatte, warf er den beinahe fertig gerauchten Stumpen hinterher. Der fiel nun unglücklicherweise genau auf einen noch herausragenden Zipfel des benzinigen Lumpens, und wusch, puff, knall, es gab eine Stichflamme, die so hoch aufloderte, dass sie Tonis Kehrseite erwischte und den Hinterschinken recht massiv röstete!

Nun war ich bei diesem Ereignis nicht anwesend und verfüge auch nicht über das Arsenal von Schimpfwörtern, die Toni Biermöller zur Verfügung stehen, aber jeder Mensch mit einiger Phantasie kann sich vorstellen, was da zu hören und zu sehen war, denn es soll ja nicht nur akustisch etwas geboten gewesen sein im Krautgartl von den Biermöllers, sondern der Tanz des Malermeisters hatte ganz sicher eine besondere Choreographie, und das ohne Ballettmeister und Einstudierung. Freilich, man kann schon verstehen, dass es nicht gerade das höchste der Gefühle ist, wenn man Feuer unter dem Hintern hat!

Und dass der Toni für seine gutgemeinte Tat nun beinahe eine Woche nur auf dem Bauch schlafen konnte, ist eigentlich auch kein schöner Lohn, aber mei, so etwas kann im Eifer des Putzgefechts leider einmal passieren.

Allerdings, wie eingangs erwähnt, heutzutag' vielleicht doch nimmer, denn wer hat schon noch ein Häusl mit Herz im Gartl, wo wir doch jetzt alle so modern sind und ein WC haben und sogar einen Wertstoffhof, wo man solchen „vergifte" Lappen, Lumpen und Farbreste entsorgen lassen kann.

Monika Pauderer

Fahrn Sie auch nach Griesbach?

Die Emerenz sitzt seit zehn Minuten in einem Eisenbahnabteil. Ihr Rucksack liegt wohlverwahrt im Gepäcknetz. Sie hat einen Fensterplatz und lehnt sich behaglich in die Ecke. In fünf Minuten fährt der Zug. Halt, da kommt noch eine Frau ins gleiche Abteil.

„Is schon noch Platz, gell?"

„Freilich!"

„Dank Ihna schön."

Die Frau, die soeben eingestiegen ist, verstaut ihr Packl und setzt sich schweigend der Emerenz gegenüber. Sie nimmt ihr Taschentuch heraus und wischt sich ein paarmal über die Stirne.

„Sind S' glaufen?" fragt die Emerenz.

„Ja, jetzt hat's pressiert. Kommst ja net weiter dahoam", meint sie und fragt dann unvermittelt:

„Fahrn Sie auch nach Griesbach?"

„Wohin???"

„Nach Griesbach", wiederholt die Zugestiegene.

„Ich fahr nach Haselbach", sagt die Emerenz.

„Nach Haselbach?" fragt erstaunt die Frau. „Nachat sind S' ja im falschen Zug. Der nach Haselbach steht ja da drüben auf dem Gleis!"

Die Emerenz fährt zusammen. In zwei Minuten geht der Zug, in dem sie sitzt. –

„Wenn S' Ihna schicken, dann derwischen S'n noch", meint die Frau und reicht ihr vom Gepäcknetz den Rucksack und zwei Pakete herunter.

„Bin ich a Rindviech", tadelt sich die Emerenz, bedankt sich schnell bei der freundlichen Frau und rennt dann hinüber auf Gleis vier, wo der richtige Zug steht.

Die Emerenz sitzt. Mit Wohlbehagen sieht sie, wie der Zug, in dem sie eben noch war, dahinfährt. „Das war eine brave Frau", denkt sie, und bald darauf fährt auch ihr Zug ab.

„Gelln S', der geht doch nach Haselbach?" erkundigt sie sich jetzt bei einem Mitreisenden.

„Nach Haselbach?" fragt der Gefragte. „Da bist ja in a'n falschen Zug, Muatterl. Siegst, da drüb'n der wo da fahrt, siegst den?"

„Ja…", meint die Emerenz kleinlaut.

„Der geht nach Haselbach…"

„Da bin ich ja drin g'hockt…", empört sich die Emerenz.

„Und wo geht nachat der hin, wo mir jetzt fahr'n?"

„Der geht nach Griesbach…"

„Soo…! Dann bin i's scho z'frieden, wenn wenigstens die ander' aa im verkehrten Zug hockt…, die ganz G'scheide."

Martin Lankes

Lustige Witwe

A Witwe kummt aufs Standesamt,
sie braucht a paar Papiere:
„Wann is Ihr Mann gstorbn?" – „Vor acht Jahr."
„Ham S' Kinder auch?" – „Ja, viere."
„Wie alt sind die?" – „Da Maxl sechs,
die Zwilling vier, zwoa d' Li."
„Ihr Mann ist doch schon acht Jahr tot!"
„Der scho – aber ned i!"

Franz Freisleder

Balzzeit vor Josefi

Nicht, daß man den Schöpfer kritisieren möchte, aber die Liebe, die hat er im Tierreich bei weitem rationeller gestaltet als bei den Menschen. Indem er nämlich darin feste Balz-, Brunft-, Raunz- und wie die gelegentlichen Paarungszeiten sonst noch heißen mögen, eingerichtet hat. Während bei uns die rosarote Periode über die volle Jahresdistanz geht, und das bei vielen von den ersten Wimmerln bis zum Altersheim.

Dabei gehen viel Zeit, viel Substanz und viel Nerven verloren, die man für einen besseren Zweck, zum Beispiel von Sammeln von Bierdeckeln oder zum Kunstradfahren, verwenden könnte. Wenn wir an die Lächerlichkeit und Dummheit des balzenden Auerhahns denken, der blind vor Leidenschaft auf einem Baum hockt, wie ein Wahnsinniger plärrt und dabei auch noch die Augen zuzwickt, so daß der Jägersmann seelenruhig anschleichen und ihn abknallen kann, so haben wir ein Beispiel von der geistigen Verfassung, in der manche unter uns ununterbrochen vom 1. Januar bis zum 31. Dezember sind.

Was wäre es da für ein Segen, wenn die menschliche, nennen wir sie einmal: Hupfi dupfi -Zeit, sagen wir vom 19. Februar bis 19. März (Josefi) dauern würde. Wobei die entsprechende Bauernregel etwa lauten könnte: „Wer bis Josefi kommt nicht klar, muß warten bis zum nächsten Jahr!"

In vier Wochen wäre da alles vorbei, was sich sonst, oft mühsam genug, wie ein roter Faden durch das ganze Jahr hinzieht. Wochen allerdings von höchstem Einsatz und größter Leidenschaft. Man könnte sich vorstellen, daß, analog zu den Hirschen, den Jünglingen und Männern während dieser Zeit stattliche Geweihe aus den Köpfen wüchsen, mit denen sie ihre erbitterten Konkurrenzkämpfe um die weiblichen Schmal- oder, je nach Geschmack, Breittiere austragen könnten und aus denen sich die Umworbenen später, nach dem Abwurf, zur lieben Erinnerung Knöpfe für ihre Trachtenkostüme stanzen lassen könnten.

Wer nur einigermaßen Phantasie besitzt, dem drängt sich sogleich das erregende Bild von rudelweise durch die Straßen ziehen- den Männerherden auf, die von Zeit zu Zeit den urgewaltigen Brunftschrei ertönen lassen, während die holde Weiblichkeit verschämt kichernd in den Hausgängen und Toreinfahrten verhofft.

Auch in Behörde und Fabrik, in Büro und Werkstatt erschallt das charakteristische Röhren, von dem weder Lehrlinge noch Direktoren verschont bleiben. Besonders hoch auf geht es gegen Mittag in den Kantinen, wo noch dazu der Küchenchef auf Empfehlung des Betriebsrats anfeuernde Suppen, Eierspeisen mit Treibhaus-Spargel und extra scharfe Würste verfüttern läßt. So daß neun Monate später auf einen Schub, was wiederum eine große Rationalisierung bedeuten würde, eine Unmenge frischer Kinder zur Welt käme, die später einmal alle von sich mit schelmischem Lächeln behaupten könnten: Hirsch heißt mein Vater!

Weniger praktisch wäre es, wenn die Sache wie bei den Hunden eingerichtet wäre, weil da ja auch wieder das ganze Jahr Unruhe und Unsicherheit herrschten. Man stelle sich nur einmal die Eifersuchtstragödien vor, die sich im Umkreis einer einzigen Straße abspielten, wenn zu jeder Tages- und Nachtstunde jeweils bis zu hundert Männer, ob nun verheiratet oder nicht, vor einem Haus sitzen und jämmerlich heulen würden, weil halt dort die Hausmeisterin Babette Kunstwadl grad wieder einmal soweit wäre.

Ihr Mann, der Bene, muß sie jedesmal mit dem Waschstrick ans Bett fesseln, wenn er das Haus verläßt, natürlich durch den Hinterausgang, weil ihn sonst seine Rivalen zerfleischen würden.

Nein, es müßte schon so sein wie bei Hirschen oder Auerhähnen. Einige Wochen auf den Bäumen sitzen und blindverliebt in die Fenster, hinter denen die Hennen sitzen, hineinbalzen, dann aber müßte „a Ruah sei" und das Leben könnte wieder seinen geregelten Gang in Sittsamkeit und strenger Keusche gehen.

Reserve hat Ruh! Dieses beruhigende Lied würde alle Jahre nach Josefi in schöner Regelmäßigkeit zum beliebtesten Schlager. Schlagartig verschwänden Pornofilme und Sexpostillen vom Markt und bloße Busen und Hintern aus der Werbung, weil sich kein Mensch mehr für so was interessiert.

Vielleicht hätten sich einige beim Röhren eine Halsentzündung geholt oder wären beim Balzen vom Baum gestürzt und hätten sich den Fuß gebrochen: Mit einer Tablette oder mit Gips wäre das schnell wieder in Ordnung gebracht. Denkt man statt dessen an die Tag für Tag gebrochenen Herzen und Schwüre, an die zahllosen Eifersuchtsdramen, die Selbstmorde aus verschmähter Liebe, an die nutzlosen Wartezeiten der Verliebten an Normaluhren und Litfaßsäulen, an die zermürbenden und nie endenden Liebeskämpfe in geschlossenen Räumen und öffentlichen Parks, an das immerwährende Gekicher und Gebalz an den Arbeitsplätzen, das die Gehirne so vieler verwirrt und die besten Kräfte zu Depperln herabwürdigt, so kann man sich eine Vorstellung von dem Nutzen für Volkswirtschaft und Volksgesundheit machen, den eine Beschränkung der Liebeshändel auf vier Wochen brächte.

Zumindest sollte man es einmal probeweise versuchen. Beispielsweise vom 19. Februar bis Josefi . Wer macht mit?

Herbert Schneider

Wenn zwei sich streiten, wird der dritte satt

Eine Kirchweihgeschichte

Dem Huberbauern von Fichtlhof im niederbayerischen Gäuboden war so um die Jahrhundertwende seine Bäuerin ganz plötzlich und in den besten Jahren weggestorben. Der Zufall wollte es, daß bald darauf auch der Bauer vom Nachbardorf das Zeitliche segnen mußte. Er hinterließ eine noch recht fesche und resche Witwe. Die beiden so nahe beieinander trauernd Hinterbliebenen sahen in ihrer plötzlichen Einschichtigkeit einen Wink des Schicksals, künftig gemeinsam durchs Leben zu gehen und ihre beiden Höfe zusammenzulegen. Bald war man sich einig, und nach dem aus Schicklichkeitsgründen sorgsam eingehaltenen traditionellen Trauerjahr gab es eine Hochzeit gewissermaßen in Moll, aber trotzdem mit recht nahrhafter Festgarnierung.

Zuerst kamen die beiden hauptsächlich aus Nützlichkeitserwägungen zusammengekoppelten Eheleute recht gut miteinander aus. Doch mit der Zeit mußte der Huberbauer feststellen, daß der neue Ehebund auch seine Schattenseiten hatte. Sie war nicht gerade zänkisch, seine zweite Bäuerin, aber entweder war ihr Verflossener wirklich ein solcher Ausbund an Tugendhaftigkeit gewesen, wie sie es darzustellen beliebte, oder sie hielt dessen Nachfolger seine angeblichen Vorzüge nur deshalb dauernd unter die Nase, um ihn zur Nacheiferung anzuhalten. Jedenfalls mußte der Huberbauer bei jeder passenden und auch nicht passenden Gelegenheit von ihr hören: „Mei liaba Karl selig hot dees a so gmacht…" – oder: „Mei erschta Mo hot mi vui bessa ghaltn als du…"

Anfangs ertrug der Huberbauer die seltsamen Launen seiner Frau mit Geduld und hoffte, im Laufe der Zeit werde der ihm so lästige Glorienschein des verstorbenen Tugendapostels schon verblassen. Doch allmählich gingen ihm die dauernden Lobeshymnen doch auf die Nerven. Er konnte dann recht grantig werden, besann sich meistens aber noch rechtzeitig auf diplomatische Ausweichmanöver, bevor ein Ehekrach ausbrechen konnte, ging dann leise vor sich hin grantelnd in den Stall – oder auch ins Wirtshaus, wenn die Arbeit es zuließ.

Als die beiden schon einige Jahre verheiratet waren, kam es am Samstag vor dem Kirchweihfest wieder einmal zu einem derartigen Disput. Die Bäuerin jammerte, daß für solche Feste ihr Haushaltsgeld zu gering sei, und beteuerte wehleidig: „So knapp hot mi mei seliger net ghaltn!" Der Huberbauer dachte sich seinen Teil dazu, denn im Küchenherd bruzzelte gerade eine stattliche Gans, und die Vorrats- kammer war schon seit Tagen mit allen zum Kirchweihfest üblichen Schmankerln gefüllt.

Wie die Bäuerin gerade im schönsten Lamentieren war und der Bauer eben zu einer ärgerlichen Erwiderung ansetzen wollte, klopfte auf einmal ein ziemlich verwildert und verhungert dreinschauender Landstreicher an das Küchenfenster und bat um eine milde Gabe. In einer raschen Gemütsaufwallung und ohne sich lange zu besinnen, ging die Bäuerin zum Küchenherd, machte die Bratröhre auf und hol- te die eine Hälfte der bereits entzweigeschnittenen Gans heraus. Die- sen stattlichen Brotzeitvogel gab sie dem Landstreicher mit den Wor- ten: „Do host an' Festtagsbratn! Laß'n dir guat schmecka und bet zum Dank a Vaterunsa für mein' verstorbna erstn Mo, der mi allaweil so guat ghaltn hot!"

Das war dem Huberbauern aber nun doch zuviel! Was seine Frau könne, daß bringe er auch fertig, dachte er in jäh aufflammendem Zorn, holte die zweite Ganshälfte aus der Bratröhre und gab sie eben- falls dem Landstreicher, wobei er ihn anknurrte: „Do host aa die an- dere Ganshälftn, zur Erinnerung an mei erste Frau, die bestimmt no besser war als meiner zwoatn Frau ihr erster Mo. Sie konn aar an Va- terunsa braucha!"

Der Landstreicher war ob solch unverwarteter Großzügigkeit ganz verschreckt und fürchtete, die beiden Bauersleute könnten ihr knusp- riges Geschenk nur allzu schnell wieder bereuen. In jeder Hand eine Ganshälfte, eilte er deshalb so rasch davon, wie er nur konnte. Ganz außer Atem kam er in einem kleinen Waldstück an, setzte sich gut getarnt zwischen einige Büsche und verschnabulierte mit Behagen den Gansbraten auf einen Sitz. Es gab nur eines, was er dabei bedauerte, nämlich daß ihm zum Festbraten der Festtrunk fehlte. Drinnen in der Küche des Huberhofes sahen sich nach diesem häuslichen Schauspiel Mann und Frau eine ganze Weile sprachlos an, bis sie endlich begriffen, daß ein völlig unnötiger Ehestreit sie um eine der besten Gaben Gottes, wie das bekannte Sprichwort eine gut gebratene Gans tituliert, gebracht hatte. Endlich sah die Bäuerin ein, daß die dankbare Erinnerung an Verstorbene zwar sehr edel und lobenswert ist, in allzu großer Häufung aber den Lebenden nicht immer gut bekommt.

Von da an lebten die beiden friedlich und glücklich miteinander, ohne daß nochmals Schatten aus dem Jenseits einen Ehekrach heraufbeschwören konnten.

Alois J. Weichslgartner

Häute heute

Durch die rosarote Brille
hoffen Weiße,
die Gegenwart sei
lang und rosig.

Doch jeder
Schwarze weiß,
daß jeder
Weiße schwarz
sieht
für die Zukunft.

Zebras lachen.

Hardy Scharf

Hauskonzert

Sohn spielt 1. Geige,
Vater spielt 2. Geige,
Tochter spielt Cello,
Oma spielt Lotto,
Mutter spült.

Hardy Scharf

Poisson surprise oder Aschermittwoch

Verwirrt saß ich
beim Mittagstisch:
Enthielt
der Fisch Blei?
Enthielt
das Blei Fisch?
Egal, ich aß
fast das ganze Gericht,
mit dem Rest
Bleifi sch
schrieb ich
dies kleine Gedicht.

Hardy Scharf

Von einem Jagdgehilfen, der reden kann

Wie der alte Herr am Königssee auf der Jagd gewesen is, da hat er in Sankt Barthlmä immer eine Jägermeß halten lassen.

Und wie er wieder einmal mit seine Leut in die Jagdmeß gehn will, da sagt einer von die Leut: „Jessas, der Taubenschlag is offen!" Und alles hat auf den alten Herrn hingschaut. (Wer aber nicht weiß, was das heißt, der Taubenschlag ist offen, der soll's halt bleiben lassen, und aus dem wird gar niemals kein Richtiger nicht.)

Und da schauen sie halt alle hin und keiner traut sich was sagen, die Allerherrgottsöbersten nicht und die Untern und Kleinen scho gar nicht. Aber den Hias, den Jagdgehilfen, den halten sie für den allerschneidigsten und dem geben sie eins in die Rippen und sagen: „Hias, du hast die Schneid dazu, du mußt's ihm sagen."

„Is recht", sagt der Hias und stapft mit den Leuten weiter – sagt aber nix.

„Was is 's, Hias", schimpfen sie, wie die Kapelln immer näher kommt, „hast denn du gar keine Schneid nicht?!"

„Ja", sagt der Hias jetzt ganz laut, „wia waar's denn, meine Herrn, wann mir jetzt alle mitanand 's Hosentürl zuamacha taatn?"

Georg Queri

Wuidaraschwesta

Du schwarzaugate Wuidaraschwesta,
mit dir möchat i amoi
in ara Mondscheinnacht

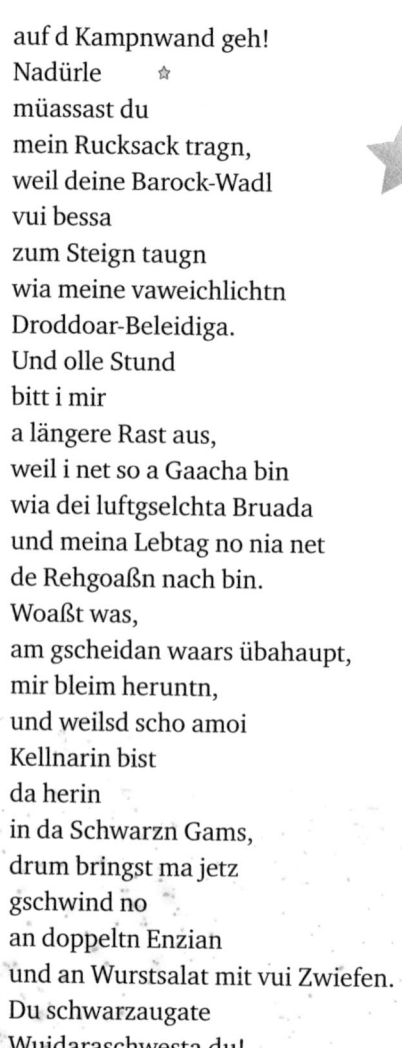

auf d Kampnwand geh!
Nadürle
müassast du
mein Rucksack tragn,
weil deine Barock-Wadl
vui bessa
zum Steign taugn
wia meine vaweichlichtn
Droddoar-Beleidiga.
Und olle Stund
bitt i mir
a längere Rast aus,
weil i net so a Gaacha bin
wia dei luftgselchta Bruada
und meina Lebtag no nia net
de Rehgoaßn nach bin.
Woaßt was,
am gscheidan waars übahaupt,
mir bleim heruntn,
und weilsd scho amoi
Kellnarin bist
da herin
in da Schwarzn Gams,
drum bringst ma jetz
gschwind no
an doppeltn Enzian
und an Wurstsalat mit vui Zwiefen.
Du schwarzaugate
Wuidaraschwesta du!

Herbert Schneider

Handwerker-Star

Es gibt wahnsinnig viele Stars. Und es werden von Tag zu Tag mehr. Aber auffällig ist doch, daß es in manchen Branchen überhaupt keine Stars gibt.

Im Sport gibt es Weltmeister, in der Literatur die Nobelpreisträger und im Film die Oscargewinner. Aber was ist mit den Handwerkern? Da gibt es keinen Installateur-Champion, weder Bestzeiten für den Klempner noch Medaillen für die Maurer. Eigenartig. Ein guter Handwerker im Haus ist mir doch immer noch lieber wie ein schneller Skifahrer im Fernsehen. Und je schneller er arbeitet, um so billiger wird es für mich.

Ich kann mir das gut vorstellen, so einen Handwerkerstar, derbe kannt ist aus dem Fernsehen. So ein Superstar-Elektriker oder ein Kfz-Mechaniker-Vip.

Und wenn der weltbekannte Handwerker-Promi mal zu dir in die Wohnung kommt zum Reparieren, dann wollen gleich alle ein Autogramm und die kaputte Waschmaschine wird von allen Seiten gefilmt – da wird die Reparatur zum Event. Das wär doch ein Weg aus der Handwerkskrise. Da kann der kosten, was der will, da ist doch jeder stolz, wenn er so einen Handwerker engagiert. Da muß dann nicht einmal mehr was kaputt sein.

Andererseits: wenn die jetzt dann alle bekannt werden, dann dauerts ja noch länger, bis du mal einen Termin kriegst.

Deswegen sind Handwerker auch so unbekannt, weil sie nie jemand zu Gesicht kriegt.

Christian Springer

In Verruf

Im vierten Stock, da wohnt einer, so einer, der was in die Zeitungen hineinsetzen läßt und Bücher schreibt und so…

Man weiß schon, was das für Leut sind…

Die Gruberin ist von tiefstem Mißtrauen gegen „solchane" beseelt. Und neulich ist über ihn was in der Zeitung gestanden. Die Gruberin hat es mit eigenen Augen gelesen und – naa, de Schand! – a so drinnat steh! –

Ha, was sag'n S' jetzt da, flüstert sie im Stiegenhaus zur Voitlin: Sehat eahm gar net gleich! Mi derbarma nur dö Leut! San so anständige Leut und müassn si' jetzt in da Zeitung rumziahng lassen! I' sag's ja, dös hätt i' net von eahm denkt, daß er so was Ausg'schamts is.

Marandjosef! A' so in d'Zeitung neig'setzt. Sollst es net glaab'n, was alles gibt.

Was nachher? fragt die Voitlin bibernd vor Neugierde. Und die Gruberin legt die Hand an den Mund: Mit eigane Aug'n han i's g'lesen, daß er a' Vo'hältnis hat. Schaug'n S' nur her, Voitlin, da steht's! Und die Gruberin entknüllt einen Zeitungsausschnitt und liest vor:

„… sein Verhältnis zur historischen Analyse…"

A' gewisse Annalise is und histerisch is aa' no! Naa, de Schand! Dö Schand für dö Leut!!

Julius Kreis

Dorfwirtschaft

Kommt der Lehrer in die Dorfwirtschaft, fragt ihn die Bedienung, ob ihm etwas fehlt. Nein, wieso?, fragt der Lehrer. Weil er so schaut, sagt die Bedienung. Wie er denn schaut, will der Lehrer wissen. So unverstanden schaut er, sagt die Bedienung. Oh, sagt der Lehrer und freut sich: endlich hat mich einmal jemand verstanden.

Gerd Holzheimer

Wandern

Fast einen Rekord haben s' aufgestellt, einen Rekord im Dauerwandern, die vier.

Der Huber Walter, pensionierter Bahndirektor, ist mit seiner Frau unterwegs und trifft akkurat hinten am Wirtshaus Valepp seinen Schulfreund, den Bichler Kare, ehemaliger Medizinalrat. Der Herr Direktor war schon vor zehn Uhr vom Spitzingsee weg'gangen, der Roten Valepp entlang, und der Kare hat seinen Wagen bei der Bäckeralm abg'stellt g'habt und ist mit seinem Weiberts neben der Weißen Valepp gewandert. Z'sammkommen sind s' dann genau um elfe, denn eine gute Stund braucht man vom Spitzingsee respektive von der Bäckeralm zur Valepp.

Im Wirtsgarten schwärmen s' dann alle viere von der schönen Landschaft und dem wildrauschenden Bach, und dann sagt der Kare: „Wißt 's was", sagt er, „wir tauschen unsere Autoschlüssel und treffen uns nachher in Miesbach. Naa hamma alle zwoa Bäch gsehn."

Es erhebt sich kein Widerspruch.

Sie machen Brotzeit, abgrösten Leberkäs und Bier, und „Servus derweil!" sagen s' dann und rennen in entgegengesetzter Richtung los. Sie sind sehr fröhlich, weil sie noch nicht wissen, daß sie vergessen haben, die Schlüssel zu tauschen.

Um drei Uhr nachmittags stehen s' wieder in der Valepp beieinander, denn zwei Stunden braucht man von der Valepp aus zum Spitzingsee respektive zur Bäckeralm und wieder zurück, wenn man eine Wut im Bauch hat. „Rindviecher san ma!" schreit der Walter gleich aufg'regt und scheppert mit'm Autoschlüssel. „Jetzt aber nix wie d'Schlüssel 'tauscht, und zwar auf der Stell!"

Es erhebt sich kein Widerspruch, bloß die Frau Direktor stöhnt, daß sie erschöpft ist und einen Kaffee braucht, und sie setzen sich und trinken Kaffee.

Wie s' dann wieder aufbrechen, sagt der Kare: „Gehts zua, wir werdn doch net bläd sein. I hab ja euern Weg jetzat scho zwoamoi gmacht, i brauch'n net aa no a dritts Moi geh!" Also wechseln sie die Richtung, allerdings nicht wieder die Schlüssel und marschieren dem eigenen Auto zu.

Erst am frühen Morgen um halb sieben sind sie wieder hinten bei der Valepp, denn gute drei Stunden braucht man von der Valepp zum Spitzingsee respektive zur Bäckeralm und zurück, wenn man todmüde ist.

„Her mit mein'm Schlüssel!" plärrt der Walter, und „Mei, san dees Deppen, unsere zwoa!" ruft die Frau Medizinalrat.

Es erhebt sich kein Widerspruch.

Bloß „Mi tragn d'Haxen nimmer!" seufzt die Frau Direktor. „Ich brauch a Rast und was z'essen!"

Sie bestellen einen Wurstsalat, und die Leni, die Frau vom Valepp-Wirt, schüttelt verwundert den Kopf.

Um halb elf bei der Nacht wankt dann ein jeder auf sein Auto zu, denn dreieinhalb Stunden braucht man von der Valepp zum Spitzingsee respektive zur Bäckeralm, wenn man die Wasserblasen gleich a so spürt, daß d' meinst, es hat dir einer eine Schrotladung Blei in d'Füß einigschossen.

Manfred Bacher

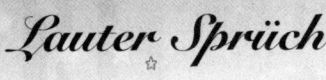

Lauter Sprüch

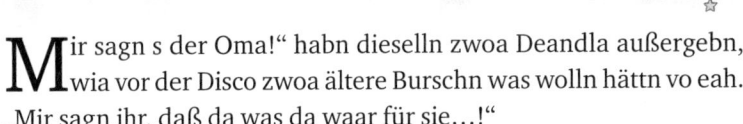

gesammelt von Josef Fendl

„Mir sagn s der Oma!" habn dieselln zwoa Deandla außergebn, wia vor der Disco zwoa ältere Burschn was wolln hättn vo eah. „Mir sagn ihr, daß da was da waar für sie…!"

„Da muaß scho oaner vor mir dagwen sei", hat dersell Teifi gsagt, wia er im Winter nußboussn wollt.

„Liaber an fleißign Bock als Gärtner", hat diesell reiche Villenbesitzerin gsagt, „als an faulen Hund als Ehemann…!"

„Liaber krank feiern", hat dersell Faulpelz gsagt, „als gesund schuften!"

„– ganz anders als bei dö Menschn", hat diesell Maus zur andern gsagt, wia s vorm Löwenkäfig gstandn san, „bei uns sperrt ma dö Großn ei, und dö kloana laßt ma laafa…!"

„Bei Gott ist kein Ding unmöglich…!" hat diesell Dirn gsagt und hat an Ochsn zur Kuah triebn.

„Fahrn mir ebba zum Literaturkongreß…?" hat dersell Fahrgast gfragt, wia der Schaffner gsagt hat: „Alle dichter zusammen - rücken!"

„Geh, ziaghn S mi bittschön wieder an!" hat dössell junge Deandl zu dem älteren Herrn gsagt, der s im Zug dö ganze Zeit angstarrt hat, „i muaß nämli bei der nächstn Station aussteign…!"

„I hab bloß zwoa Büacher", hat diesell junge Frau erzählt, „s Koch-buach von der Mama und s Scheckbuach vom Papa…!"

„Bauch, geh voraus", hat dersell Wamperte gsagt, „i kimm glei nach…!"

„Der Teifi greift d Leut dort an", hat dersell wamperte Pfarrer predigt, „wo s am nachgiebigstn san: am Bauch!"

„Net alle Esl habn lange Ohrn!" hat dersell gsagt, wia er von der öf-fentlichn Gemeinderatssitzung kommen is.

„Der liebe Gott erschuf die Eva", hat diesell emanzipierte Lehrerin gsagt, „weil er ein stark verbessertes Modell auf den Markt bringen wollte…"

„Metzger sucht tüchtigen Mitarbeiter", hat dersell Schotte inseriert, „Vegetarier bevorzugt!"

„Der Gentleman ist ein Mann", hat dösell Deandl im Aufsatz gschriebn, „der eine schwangere Frau sitzen läßt…"

„Spieglein, Spieglein an der Wand, wer ist die Schönste im ganzen Land…?" hat diesell Dicke gfragt. „Geh a weng af d Seitn", hat der Spiagl gsagt, „daß i was siegh…!"

„Variatio delectat (Abwechslung erfreut)!" hat der Teifi gsagt und hat sein Schwanz gelb angstrichn.

Wie der Herr Bischof geweckt worden ist

Das ist schon recht brav von dem Herrn Bischof, daß er seine alten Freund nit vergißt. Ist so zu Ehren und Würden gekommen, aber seine alten Freund von der Studiererei her, die kennt er heut noch. Und hie und da sucht er einen auf, so einen armen Pfarrer bei den Bauern draußen, und klopft ihm auf die Schulter und sagt: „Wie geht's dir denn, alter Freund?"

So ist er zum Herrn Pfarrer von Pötting einmal gekommen und hat ihm auf die Schulter geklopft und gesagt: „Wie geht's dir denn, alter Freund?"

Dem hätt's schier die Stimm verschlagen, wie er den Herrn Bischof vor sich gesehen hat.

„Der Herr Bischof! Das ist mir aber eine Ehr, daß der Herr Bischof da ist! Nein, das ist mir aber eine Ehr!"

„Warum sagst denn der Herr Bischof, und warum sagst nit du zu mir? Wo wir so alte Freund sind."

„Gut, so sag ich du, wo wir so alte Freund sind." Und ist gleich in seinen Keller geschoben und hat eine gute Flasche Wein heraufgetragen.

Wie sie aber eine Zeitlang trunken haben, da ist die Nacht kommen, und der Herr Bischof ist müd geworden und hat gesagt: „Jetzt mußt mich in mein Bett gehen lassen!"

„Ja", sagt der Herr Pfarrer, „jetzt muß ich dich in dein Bett gehen lassen. Wann ich aber kein übriges Bett nit hab?"

„Dann wirst mir doch nit die Tür weisen wollen?"

„Das will ich aber nit. Da mußt halt mit mir schlafen, das ist eine große breite Bettstatt. Das andere Bett, das ich hab, da kannst nicht drinn schlafen, da schlaft meine Hauserin drinn, die Kathl."

„Nein, da kann ich nicht drinn schlafen, wann deine Hauserin drinn schlaft, die Kathl."

Und dann gehen sie ins Bett, die zwei, und schlafen.

Es ist so um vier Uhr rum gewesen, da hat der Sauhüter draußen auf der Straßen zum Blasen angefangen, daß die Leut ihre Säu herauslassen für die Weid.

Da ist der Pfarrer aufgewacht. Und haut dem Bischof eine auf den Hintern – weil er auf dem Bauch geschlafen ist, der Herr Bischof – und schreit: „Kathl, steh auf und laß die Säu raus. Der Sauhüter hat blasen."

„Gleich", hat der Bischof gebrummt und hat weitergeschlafen.

Georg Queri

Der Überfall

Es ging alles furchtbar schnell. In Weißenbuch stürmte ein als Nikolaus verkleideter Mann in die Filiale der Kreissparkasse, in der sich gerade zwei Kunden befanden, ein Mann und eine Frau, beide um die fünfzig. Der Nikolaus zog blitzschnell eine Pistole aus einer abgewetzten schwarzen Lederjacke, die nicht zu seiner Kostümierung paßte, und bedrohte damit den völlig verdatterten Sparkassenangestellten:

„Hopp, es Geld her, obber ä weng dalli. Iich bin der Nikolaus."

Der Sparkassenangestellte starrte auf die Pistole wie das Kaninchen auf die Schlange, dann machte er aber doch allmählich seinen Mund auf:

„Obber des könners doch ned machn."

„Und ob iich des machn kann", erwiderte der Nikolaus unwirsch, „iich kann nu ganz wos andersch. Solli ämall ä weng schießn?" Die beiden Kunden schauten sich hilfesuchend an. Sie hatten beide, ohne daß sie der Nikolaus eigens dazu aufgefordert hatte, die Hände erhoben, wie sie es in unzähligen Fernsehkrimis gesehen hatten. Der Sparkassenangestellte löste sich langsam aus seiner Erstarrung. Mit zitternden Fingern öffnete er den Geldschrank und legte ein Geldbündel nach dem andern auf den Schalter. Dem Nikolaus ging das alles viel zu langsam. Er bedrohte nun auch noch die beiden Kunden:

„Sie stelln sich etz dou mitm Gsicht an die Wänd, obber die Händ bleibm drobm, gell!"

Sie kamen dem Befehl auf der Stelle nach:

„Sie senn etz meine Geiseln. Sie nehmi nachert ä weng miit!"

Da faßte sich der Sparkassenangestellte ein Herz:

„Obber Sie könner doch ned einfach unschuldiche Lait miitnehmer. Nehmers miich miit! Iich mach freiwillich Ihr Geisel!"

Des war dem Nikolaus aber gar nicht recht:

„Iich nehm miit, wen iich will. Schick di läiber! Du könnerst scho längst ferti saa, wennst ned suviel redn dennerst!"

Der Sparkassenangestellte gab immer noch keine Ruhe: „Obber däi senn doch unschuldich!"

„Und du bist schuldi, wos?" gab der Bankräuber schlagfertig zurück:

„Wer waaß, wäiviel Geld du scho heimlich aff die Seitn tou hast!"

„Keinen einzichn Pfennig!" rief der Sparkassenangestellte entrüstet aus. Der Nikolaus mußte lachen:

„So bläid möcherti aa ämall saa!"

Sogar die beiden Kunden mußten lachen. Das ging dem Nikolaus aber doch ein wenig zu weit: „Sie braung gohr ned su lachn! Innern werd es Lachn scho nu vergäih, wenns derschossn werrn."

Der Sparkassenangestellte war inzwischen fertig.

„Su, des is allers. Etz könners die beidn Herrschaftn obber widder freilassn."

Der Nikolaus stopfte das Geld in einen Müllsack, den man für zwei Mark in allen Drogerien der Stadt kaufen konnte:

„Däi nehmi miit: Des senn meine Geiseln."

Er schulterte den Müllsack und drehte sich zu den beiden Geiseln um:

„Wer isn vo Innern mitm Auto dou? Iich hou nämli kanns." Doch der Sparkassenangestellte drängte sich vor: „Iich kann Sie ja aa fohrn. Ned, daß unschuldiche Lait droo glaub mäin…"

„Naa, iich fohr den Herrn scho", sagte die Kundin, „mir is etz scho allers eghol, obber aa scho allers."

Der Nikolaus verließ mit seinen beiden Geiseln die Sparkassenfiliale, immer noch die Pistole im Anschlag. Sie gingen quer über die Straße, stiegen in einen alten Volkswagen ein und fuhren los. Jetzt erst wagte der Sparkassenangestellte, der das Geschehen durch die Glastür beobachtet hatte, die Polizei anzurufen.

Die Stimmung im Volkswagen war gelöst. Der Nikolaus riß sich die Maske vom Gesicht und brach in ein befreiendes Lachen aus. Die beiden Kunden stimmten mit ein. Die Kundin steuerte den Wagen.

Nachdem sie sich ein wenig beruhigt hatte, sagte sie:

„Also, daß des su einfach gäiht, des hätti mer werkli ned denkt. Etz könner mer uns scho ä weng wos aff Weihnachtn kaufm, gell Nikolaus?"

Der Nikolaus gab sich damit noch nicht zufrieden:

„Bis Weihnachten is nu lang hii! Dou könner mer scho nu ä pohrmall Nikolaus spieln."

Da machte auch endlich der schweigsame Kunde seinen Mund auf: „Mir hamm halt doch enn prima Schwichersohn!"

„Iich laß af meine Schwiechereltern aa nix kummer!" sagte da der junge Mann, dessen Gesicht eben noch unter einer Nikolausmaske versteckt war, und wischte sich den Schweiß von der Stirn.

Fitzgerald Kusz

Das Angebot

Diese Fräulein alle
in blond und brünett und schwarz,
naturliebend,
sportlich aparte Erscheinungen,
kath. od. ev. mit Erspartem...

diese Witwen
in allen Größen,
erfahrungsreich,
mit Dreizimmerwohnung
und geblümter Steppdecke
im Bett
des teuren Verblichenen...

diese schuldlos Geschiedenen,
des Alleinseins
schon wieder müde,
Sonnenschein suchend
für drei herzige Kinderlein,
zartfühlend
bis dort hinaus,
Einheirat
in gutgehendes Zigarrngeschäft
bietend...

diese seriösen Damen,
tierliebend,
vermögend,
kultiviert,
sich sehnend nach
Gesprächen am Kamin
über Kunst und Literatur
und einem sanften
Etcetera…

de olle insariern
wia narrisch
nach mir,
dem so liebevollen,
dem so verständnisreichn,
dem ach so herzensguatn
großn Unbekanntn –
und jetz des Pech:

I kon net nähatretn,
bin selba scho
schuidlos vaheirat!

Herbert Schneider

Da Alise

Ja servus Alise, servus,
guad schaugst aus, ganz guad schaugst aus,
richtig frisch schaugst aus.
Wia geht s da denn, Alise, guad geht s da, oda?

Freilich geht s da guad, schaugst aa guad aus,
richtig frisch.
Ja, Alise, du oida Boa,
du eigwurzlta Boa, du Lederhosen-Boa,
eigwurzlta, neigwurzlta Boa,
wos waar Bayern ohne di,
du bist doch Bayern,
du bist doch da bayerischste von olle Bayern,
du bist doch da echteste von olle Echtn.

Du host doch gsagt, Urlaub macha konn e überall,
oba lebn, lebn konn e nur in Bayern,
host gsagt, Alise.

Host aa gsagt, a paar Wochan Urlaub im Ausland
waarn für di a Qual, host gsagt, Alise,
woaßt as no,
a Woch am Strand, host gsagt, dees glangt,
nachad mogst wieda hoam nach Wolfratshausen,
von Icking aus Berg oschaun,
a Maß am Chinesischen Turm,
host doch owei gsagt, Alise, oda?

Wos hom ma mit dir glacht, Alise,
wos hom ma mit dir glacht,
auf da Wiesn,
wennds d Hehnaboana auf d Preißn gschmißn host,
wos hom ma glacht,
wia s nachad a Schlägerei gebn hod,
wos hom ma glacht.

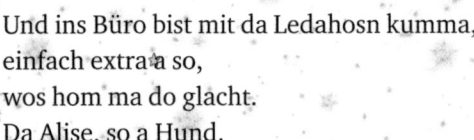

Und ins Büro bist mit da Ledahosn kumma,
einfach extra a so,
wos hom ma do glacht.
Da Alise, so a Hund.

Und leben, host gsagt, Alise,
kom ma nur in Bayern.
Weil in Bayern, host gsagt,
is de Welt no in Ordnung, host gsagt,
woaßt as no, Alise?

Woanders, host gsagt, kom ma vielleicht hifahrn,
oba leben, host gsagt, kom ma nur in Bayern.
Weil außerhoib von Bayern, host gsagt,
Alise, do gibt s bloß so Grattler.
Bayern, host gsagt, Alise, Bayern is Bayern,
und sonst gibt s bloß no Not, host gsagt, Alise,
woaßt as no?

Ganz guad schaugst aus, Alise,
ganz guad schaugst aus,
bist ganz braun brennt, Alise,
warst auf da Brecherspitz, ha?
Boarische Sunna, boarischer Himme,
ha? Alise,
nix Sonnenstudio, Alise, oda,
nix Italien, nix Spanien,
brauch ma net, host oiwei gsagt,
– bei uns is am Scheenstn und woanders
konn s gar net so schee sei wia bei uns,
Alise, dees host oiwei gsagt, stimmt s?

Und bei uns gibt s an Schnee, host gsagt,
und bei uns gibt s an See und a Weißbier,
und bei uns gibt s Weiber mit am Busn, host gsagt,
und an Oasch zum Eihoitn, host gsagt, Alise,
und unsere Kinder redn boarisch und sonst nix,
gell, Alise, dees host oiwei gsagt.

Guad schaugst aus, Alise!
Außer da Lederhosn, host gsagt, Alise,
gibt s nix.
Und an Jodler, host gsagt, Alise,
an Jodler hört die ganze Welt.

Bayern, host gsagt, Alise,
Bayern braucht die Welt ums Verrecka nicht,
aber die Welt braucht Bayern, host gsagt,
Alise, stimmt s?

Alise, du bist ja so a Hund,
du schaugst so guad aus,
wohnst no in Wolfratshausen,
host dei Häusl no,
und den Schäferhund, den Deitschn,
den schoafn, woaßt scho,
der nia in a boarisch Wadl bissn hod,
woaßt as scho no, Alise, gell.

Ja mei, Alise, wos hom ma ois dalebt.
Du host Oana auf da Wohnzimmercouch
an Büstnhoita auszong,
und i hob me dawei mit ihra Freindin duscht.
Oba ois Weiber, boarische Weiber,
guad beianand, kerndlgfuadat,
a Dürre hädst ja nia meng.

Ja, ja, Alise, du bist hoid da letzte Boar,
eigwurzlt, neigwurzlt in diese bayerische
Heimaterde – ja, ja, Alise,
dei Lederhosn is koa Tarnung,
du lebst aus da Kraft des Volkes,
Bayern is Bayern, und sonst gibt s nix,
und guad schaugst aus, Alise,
braun brennt wiar a Filmstar.

Alise, sog, wos machst n jetzt, Alise? Wos?

Dei Häusl in Wolfratshausen host vakafft.
Ah geh, Alise.

An da Costa Brava host jetzt a Häusl,
ah geh, Alise.
D Spanien-Weiber ham aa an Busn
und an Oasch,
ah geh, Alise.
Bayern kon de am Oasch leckn,
ah geh, Alise.
Da Flamenco war s,
und net da Landler.
Alise!?
Und dei Rheuma is besser worn.
An da Costa Brava.
Also, Alise.
Und du warst doch so a Eigwurzlta, Neigwurzlta.
Ah geh, Alise!

Wos werd n jetzt aus Bayern?

Helmut Eckl

Gelöst ist das Problem der „Wies"

Es ist absolut nicht wahr, daß die ‚Wies' abgetragen, in einem für die Öffentlichkeit unzugänglichen Bunker aufgestellt wird und museal bis zum Tag des Jüngsten Gerichts dahindämmert."

Richtig. Auf die Erklärung von Claudio Dementi, dem Leiter der „Ars movenda" in Rom, kann man sich diesmal verlassen.

Dennoch. Der Schock der jüngsten Nachricht von der „Wies" sitzt tief. Schweiß und Atemluft der jährlich 1,8 Millionen Besucher legen in Verbindung mit Staub einen gefährlichen Schmutzfilm über die Figuren, Wände und Decken. Das gerade renovierte Rokoko- Juwel ist erneut bedroht. Experten sehen sich vor einem unlösbaren Problem, auch für den Generalkonservator ist ein „Patentrezept" nicht in Sicht.

Da fühlt man sich zur Hilfe geradezu herausgefordert. Und nach kurzem Nachdenken hat der einfache, praktisch denkende Mann die optimale Lösung auch schon parat.

In Zukunft wird es nicht nur eine, sondern fünf Wieskirchen geben:

Wies I, „Go and pray", bleibt in der Nähe von Steingaden.

Wies II, „Earth and Air", wird in der unmittelbaren Umgebung des neuen Flughafens München-Erding erbaut.

Wies III, „The very Green", erhält ihren vorläufigen Standort im Nationalpark des Bayerischen Waldes.

Wies IV, „Art in Progress", wird in Kassel errichtet und soll einen festen Platz in der Nähe der „documenta" erhalten.

Wies V, „The Japanese", kommt nach Heidelberg, direkt neben das Schloß.

Nach diesem Konzept werden nicht mehr Hunderte von Bussen und Tausende von Pkws die Wiesen rund um Steingaden verstopfen. *Wies I*, „Go and pray", wird nur für wahre Pilger, bevorzugt für katholische Altbayern, zugänglich sein. Sonst werden nur noch Menschen mit einem „AA-Ausweis", die schon nach Andechs und Altötting gewallfahrtet sind, zugelassen werden. Die Parkplätze sind min-destens zehn Kilometer von der Kirche entfernt. Offen ist noch, ob das Juwel unter eine Plastikhaube kommt oder ob es unter einer reißfesten Folie verpackt wird. Der Zugang wäre dann durch Betätigen eines Reißverschlusses möglich.

Das Innere, damit es nicht weiter gefährdet ist, wird ab sofort mit einem UV-beständigen, naturfarbenen Klarsichtlack versiegelt. Eine nach Jahren vielleicht erforderliche Reinigung könnte durch die örtliche Feuerwehr erfolgen.

Wies II, „Earth and Air", wird für die Besuchermassen gebaut, die nicht zum Gebet in die „Wies" kommen, sondern die ein berühmtes Weltdenkmal nur kurz begaffen wollen. Wies II wird aus Beton gegossen werden, erdbebensicher fundamentiert, fest armiert und ordentlich gerüttelt sein. In der vollkommen weißen Kirche stehen Projektoren, die Dias von der Wies I gegen die Wand projizieren. Alle Wände dürfen problemlos berührt oder beschmiert werden, weil sie mühelos wieder geweißelt werden können. Keine Frage: Diese Kirche ist immer ausreichend beheizt und wie die Shops nebenan rund um die Uhr zugänglich.

Wies III, „The very Green", soll den Bayerischen Wald zieren und für Freunde des und der Grünen errichtet werden. Natürlich ist das Baumaterial hier nicht Beton, sondern Pappmaché. Die Unmengen zerfetzten Altpapiers, die aufgeweicht und unter Zugabe von Leim, Gips und Ton ideal geformt werden, finden hier beste Verwendung. Besucher dieser Kirche dürfen auch hier die Wände und Plastiken gern berühren, verändern, ja sogar zerstören. Eine neue Kirche, als „ecclesia semper renovanda", ist schnell erstellt: Die kaputten Bäume des Bayerischen Waldes werden ins nahegelegene Zellstoffwerk nach Kelheim gebracht, das frische Baumaterial kann sofort wieder mitgenommen werden.

Wies IV, „Art in Progress", muß mit dem Original nicht notwendig übereinstimmen. Künstler und solche, die sich dafür halten, werden hier einerseits mit den üblichen Kunst-Stoffen, den Thermoplasten, Duromeren und Elasten, arbeiten, andererseits auch gerne Filze und Fette, Nägel und Nieten verwenden. Man wird ihnen auch gerne zugestehen, mit Performances auf sich aufmerksam zu machen.

Wies V, „The Japanese", ist für alle Weltenbummler gedacht, die „Germany in one hour" erleben wollen. Wies V wird nicht ausgemalt sein, vielmehr werden alle Wände mit Originalfotos aus Wies I beklebt, die die Besucher aus den fernen Ländern ihrerseits wieder fotografieren können. Das Foto vom Foto als besonders reizvoller Gag. Die Negative aller Bilder werden übrigens im Vatikanischen Museum sorgfältig aufbewahrt.

Eine Selbstverständlichkeit müßte eigentlich nicht erwähnt werden. Neben allen Kirchen wird ein Bierzelt stehen, das vom jeweiligen Postwirt geführt wird. Auch in Kassel darf nur Blasmusik erschallen.

Hardy Scharf

Ehrliche Heiratsanzeige

R entner aus'm Oberland,
sportlich nimma rar beinand,
umadum feits, hint und vorn,
geistig aa scho schwaar valorn.
Untugadn mehr wia gnua,
müad und zwida no dazua,
s Maul voi plombierte Stumpn,
an Leitnhax an krumpn,
Haarausfoi und Hennaraung,
konn oft nimma gradausschaung,
wenn nach zehn, zwoif Hoibe Bia
er na hoamkimmt in der Friah.

Zu nix mehr konnstn braucha,
oiss, bloß koan Guatn raucha.
Oid, lätschad und erfolglos
und aa sunst fast nix mehr los.
Rheumatis, z viel Cholest'rin,
Plattfüaß und a Doppelkinn,
leidet an Gedächtnisschwund,
is aa sunst a müada Hund.
Vazong, vafressn, gwampat,
owegschlerfet und gschlampat,
kommod-dourat und stinkfei,
suacht a fl eißigs, braves Wei.
Gsund und reich koa Hindernis,
waar sei Herzenswunsch ganz gwieß.

Gustl Bauer

Die Begegnung

'Warum glotzt der da drüben so?', dachte Felix irritiert, während er sein Vortragsmanuskript zurechtlegte. ,Woher kenn ich das Gesicht? Jetzt kommt er gar auf mich zu. Was will er?' Er lächelte vorsichtshalber freundlich, als der alte Herr vor ihm stehenblieb und fragte: „Na, Felix?"

„Kennen wir uns?"

„Wie?" Der Kopf des Alten ruckte vor. Er war offenbar schwerhörig. Felix ergänzte überlaut: „Im Moment weiß ich leider nicht –."

„Es ist zwar ein paar Jährlein her – aber denk mal nach."

Felix lächelte verlegen und rief: „Mit Namen hab ich so meine Schwierigkeiten –."

Der Schwerhörige grinste impertinent: „Du kommst schon noch drauf, wer ich bin."

‚Ein alter Depp‘, dachte Felix, sagte aber laut: „Gib mir einen Hinweis –."

„Nein, Hirneis heiß ich nicht."

‚O Gott, ist der dorert‘, dachte Felix. ‚Mit dem müßt ich so brüllen, daß alle Leut zuhören. Was will der da? Der versteht doch von meinem Vortrag kein Wort, trotz Mikrophon.‘ Und laut rief er, während er sich nah zum Ohr des Lästigen beugte: „Einen Hinweis, einen Tip…!"

In diesem Augenblick trat der Herr Vorsitzende des ‚Vereins der Musikfreunde‘ herzu und meinte, man sei vollzählig, man sei gespannt, man könne beginnen. Felix wollte schon das Rednerpult erklimmen, da hielt ihn der Geheimnisvolle am Arm fest und raunte in viel zu lautem Verschwörerton: „Ein Tip – Monika –!"

‚Na, Monika wird er doch nicht heißen, der alte Aff‘, dachte Felix. ‚Wahrscheinlich verwechselt er mich, oder es ist die ganz normale Altersverblödung.‘ Er trat ans Pult und blickte in den kleinen Saal. Jahrhunderte sahen freundlich zu ihm herauf. Lauter alte und uralte Vereinsmitglieder, fröhliche Greise und noch mehr Greisinnen, die, wie er, sich ihren Lebensabend durch Befassung mit Musik zu verschönen trachteten. Sie hatten ihn eingeladen, nachdem er kürzlich in einem Leserbrief seinen Standpunkt in der Interpretationsfrage von Wagners ‚Ring des Nibelungen‘ energisch vertreten hatte. Heute sollte er ihnen den ethisch-mythischen Hintergrund aus seiner Sicht darlegen. Also.

Er begann sein Manuskript vorzulesen, das akkurat und mit vielen Vortragszeichen ausgearbeitet war. Schon nach wenigen Zeilen schossen ihm die Gedanken kreuz und quer davon. Monika – wer konnte das sein? Die Operette von Dostal doch wohl kaum. Er kannte keine Monika. Halt! Hatte er sich nicht eben versprochen und statt

‚Botan' gesagt ‚Monika'? Nein, doch nicht. Aber er mußte sich konzentrieren.

Zwischen zwei Sätzen blickte er auf. Da, in der zweiten Reihe, neben der dicken Frau, die so böse dreinsah, saß er und zwinkerte herauf. Wer war das, zum Teufel? Was tat er so vertraut, mit seinem aufdringlichen ‚Du'? Er stotterte sich durch die ersten Seiten des Skripts. Und dann geschah es.

Als er vorlas: „… und so ist die Problematik seines rüden Wesens in Siegfrieds Jugend zu suchen…", schoß es ihm blitzartig ein: das ist der Siegfried – äh, wie hatte er doch geheißen? – der vom Gymnasium, mit dem er spinnefeind gewesen war. Der freche Kerl, mit dem er sich immer geprügelt hatte, daß die Fetzen flogen! Und der ihm – ja! – die Monika ausgespannt hatte! seine erste wahre, tiefe Liebe! Wie hatte er sich daran nur nicht sogleich erinnern können!

Die Monika – äh, wie hatte sie geheißen? – vom Eislaufplatz, mit der er im Sommer zum Baden ging, und in die Tanzstunde, und von der er seinen ersten Kuß bekommen hatte, damals, im Hofgarten.

Das dunkeläugige, blonde, schlanke Geschöpf, das soviel Fröhlichkeit und Sicherheit verströmte – und dem alle in der Klasse nachliefen.

Er geriet aus dem Konzept, mußte sich räuspern und einen Schluck Wasser trinken, ehe er weiterzulesen vermochte… Über fünfzig Jahre war das her, und nun tauchte mit einem Male die schreckliche Szene mit Macht vor ihm auf, als er mit ihr verabredet war – und sie zog hohnlachend, eng an den Sigi geschmiegt, mit dem davon.

Der war dann von der Schule geflogen, weil er ins Lehrerzimmer eingebrochen war, um die Themen der Abituraufgaben zu stehlen. Monika hatte dabei Schmiere gestanden. Ein strenges Gericht der Erwachsenen bewirkte, daß auch sie sogleich aus dem Blickfeld verschwand. Nach dem Abiturgewürge, kurz vor der Einberufung zum Arbeitsdienst und zum Barras, hatte Felix noch einmal versucht, mit ihr Kontakt aufzunehmen, aber sie war nicht mehr aufzufinden gewesen.

Er brachte den Vortrag zu Ende, bekam Beifall und wurde ob seiner mutigen Thesen belobigt, was er dankbar entgegennahm. Dann drängte sich auch der grinsende Feind heran, und Felix spürte erstaunt, daß sein Groll gegen den Nebenbuhler von einst noch immer nicht gestorben war. Der Kerl war ihm immer noch widerwärtig und das Gespräch mit ihm mühsam. Nicht nur wegen der Schwerhörigkeit, sondern weil auch der Sigi keine Namen mehr wußte.

„Weißt jetzt, wer ich bin?"

„Jaja! Der Sigi – äh –!"

„Wir waren zusammen in der Klasse vom Professor – äh –, na, der glatzerte Depp – Latein und Griechisch hat er gegeben –."

„Ja, der – äh –! Wir haben ihn Stinkus genannt."

„Wie?"

„Stinkus!" brüllte Felix, so leise es ging, weil er sich genierte.

„Nein. Pinkus war der Turnprofessor. Stepanek hat er geheißen!"

„Stimmt. Gratuliere, daß du dir noch Namen merken kannst. Bei mir ist das längst weg."

„Schreck? – Wer hat Schreck geheißen?"

Wenn ich diesem Kalkofen nur auskäme, dachte Felix. Aber er mauert mich ja förmlich in die Ecke neben dem Podium. „Niemand hat Schreck geheißen. Ich sagte: bei mir sind sie weg – die Namen!!"

„Ja, die Damen – sind begeistert von deinem Vortrag. Hätt ich dir nie zugetraut. Du warst damals so schüchtern und dämlich, haha –."

Felix überging das. Er fragte ablenkend „Wo hast du denn Abitur gemacht?" und ärgerte sich im gleichen Augenblick, daß er den Widersacher noch duzte. Aber ‚hat man denn sein Abitur gemacht' hätte zu blöd geklungen.

Der Verstand natürlich wieder nicht und ruckte wieder mit dem Kopf heran: „He?"

„Du – Abitur!" bellte Felix und stach ihm dazu mit dem Zeigefinger in die zu nahe Brust.

„Ich?" hohnlachte der Sigi. „Den Blödsinn hab ich mir geschenkt. Bin sofort ins Erwerbsleben. Beim Kessler-Konzern eingetreten als

Stift, und dann hochgearbeitet. Kennst du doch – der Großkonzern. Weltfirma. Milliardenumsatz! Maschinenbau!"

,Wahrscheinlich hat ihn der Maschinenlärm so taub gemacht', dachte Felix.

Der einstmals schöne Sigi fuhr fort: „Kurz drauf wurd ich eingezogen, zur Luftwaffe, und hab's zum Major gebracht. Nach dem Krieg bin ich wieder zu Kessler, hab den Wiederaufbau organisiert – und bin voriges Jahr als kaufmännischer Direktor in Pension gegangen. War eine Bombenposition, hab den ganzen Betrieb beherrscht. Bin heute noch als Berater dort. Hab eine Villa in Harlaching und eine an der Côte d'Azur, und hab beruflich die ganze Welt gesehen. Und du –?"

Felix zögerte zu gestehen, nur einfacher Schullehrer geworden zu sein, und schrie, ohne zu überlegen: „Ich bin Professor geworden. Ich arbeite wissenschaftlich."

„Jaja", nickte der Sigi desinteressiert. „Ich sage immer: Im praktischen Leben muß man sich bewähren. Die Studiererei ist was für Versager. Man muß seinen Mann im Lebenskampf stehen, nicht in der Studierstube."

Felix schnappte nach Luft. Wollte der Lümmel ihn kränken, oder hatte er nur wieder nichts verstanden? Er setzte soeben an, ihm ins Ohr zu brüllen: ,Das ist der typische Quatsch eines Businessman, der keine Ahnung von geistigen Vorgängen hat', da rauschte die dicke Frau mit dem bösen Gesicht heran, die neben dem Beleidiger gesessen hatte, faßte den Schulfeind am Ärmel und schrie ihm zu: „Komm, los, wir müssen gehen! Quatsch dich nicht wieder fest!"

Sigi lächelte unterwürfig und sagte zu Felix: „Darf ich dir meine Frau vorstellen?"

„Sehr angenehm", strahlte Felix ehrlichen Herzens, denn es freute ihn innig, daß dem Siggi offenbar ein Hauskreuz von erdrückender Wucht auferlegt war. Diesen Besen gönnte er ihm. Wohl ihretwegen hatte der Sigi die ganze Welt auf Dienstreisen gesehen – um selten zu Hause sein zu müssen.

„Man muß schreien", sagte die Dicke. „Er ist taub wie eine Schildkröte und zu dickköpfig, daß er seinen Hörapparat einschaltet." Und plärrte sogleich weiter: „Los, verabschiede dich!", um etwas leiser zu Felix zu sagen: „Wenn er Ihnen was über den Vortrag gesagt hat, glauben Sie ihm nicht. Er hat nichts verstanden. Ich bin die Wagnerverehrerin in der Familie. Er ist unmusikalisch wie ein Schellfisch!"

„Dann hoffe ich, daß wenigstens Sie mit meinen Ausführungen zufrieden waren", lächelte Felix in behaglicher Kumpanei zu diesem Hausdrachen, der den unangenehmen Sigi offenbar hart an der Kandare hatte. In den kleinen Augen der blond gefärbten Alten schimmerte gefährliche Energie, als sie antwortete: „Ich mag das Geschmarre über Wagner überhaupt nicht. Musik muß man genießen, nicht zerreden. Naja, ein paar Sachen, die Sie gesagt haben, waren ganz gut."

„Danke", verbeugte Felix sich ironisch. Er wollte noch hinzusetzen: ‚Welche Freude, von einer feinsinnigen Seele voll Kunstverstand derart gelobt zu werden' – da näherte sich der Herr Vorstand des ‚Vereins der Musikfreunde', zog die dicke Alte beiseite und bedankte sich überschwenglich für die Ehre ihres Kommens.

„Nett, deine Frau kennenzulernen", brüllte Felix derweil dem Sigi hämisch feixend ins Ohr. Der verstand überraschenderweise und antwortete, noch überraschender: „Du kennst sie doch schon. Oder bist du schon so verkalkt, daß du dich nicht mehr an Monika erinnerst?"

Das nahm Felix die Luft. Er japste, trat zwischen den salbadernden Vorstand und die dicke Frau, sah ihr ins Gesicht und stammelte: „Mo – Monika??!"

„Ja, warum?", sagte sie, ein wenig überrascht.

„Wir kennen uns aus der Schulzeit. Weißt du denn nicht mehr – das Eislaufen und das Schwimmbad – und der Hofgarten. Ich bin der Felix."

In dem feisten Gesicht, das so gar keine Ähnlichkeit mehr mit dem Traumgeschöpf von damals aufwies, regte sich nichts, als sie erwiderte: „Kann mich nicht erinnern. Damals sind so viele Buben um mich rumgewuselt –. Jetzt komm endlich, Sigi! Wir müssen noch auf eine Party – trödel nicht. Wiedersehen, die Herren." Sie ging zwei Schritte voraus, wendete sich zurück und pfiff ihr Eigentum, ihren Ehekrüppel an: „Was ist denn! Wie lang soll ich noch warten?!"

„Komm schon, Schatzi", stöhnte der kläglich und trottete gehorsam hinter ihr her, ohne sich von Felix und dem Vorstand zu verabschieden. Die beiden sahen dem Paar nach.

„Schrecklich –", sagte Felix.

„Aber wohlhabend", sagte der Vorstand. „Ohne ihre jährlichen Spenden wäre unser Verein arm dran. – Was lachen Sie?"

„Aus drei Gründen: Weil ich nun wieder an eine ausgleichende göttliche Gerechtigkeit glauben kann. Zweitens vor Glück, daß ich einem bitteren Schicksal entronnen bin. Und drittens: weil ich diese wohlhabende Frau ihm, und keinem anderen, von ganzem Herzen gönne!"

„Aha", sagte der Vorstand nur, weil er gar nichts begriff.

Kurt Wilhelm

A Raatschn

De wo nix is und wo nix ko,
de wo no nia an eigna Mo
ghabt hat und gsunde Füaß eifaatscht
und na von oam zum andern haatscht.
De wo koa Freid hat auf da Welt
und oiwei jammert zwengsn Geld.
De wo nix Guats am Guatn laßt
an jedn rumziahgt im Morast
und nur von jedn s Schlechte sagt,
sogar beim Herrgott sich beklagt.
De alle Tag in d Kircha saust,
daß s an Herrn Pfarrer scho glei graust;
und gern verteilt de innern Waatschn,
dees is a Raatschn!

Werner Schlief

Der stumme Beichtvater

Also, wia i neulich bei dö Rengsburger Karmeliter bei der Oster-
beicht gwen bin", erzählt mir der Hierangl Xav af m Kirchaweg,
„bin i zerscht amol en Bischofshof ei und hab mir a Maß kaaft, weil
i a so an narrischn Durscht ghabt hab, und nachher no a zwoate und
a dritte, daß s Beichtn leichter geht.

In der Kircha bin i glei drankemma. Mei, wer geht denn heut no
zum Beichtn…? Aber dafur hab i an ganz an handsamen Pater derwischt; zu dem geh i s nächst Mal wieder hin!

I bin also eini in Beichtstuhl, sag eahm der Reih nach meine Sündn auf, er hört zua, tuat aber überhaupt nix dergleicha. No, denk i mir, der is scheints allerhand gwohnt.

Es hat mi bloß gwundert, daß er mir net amol a Buaß aufgebn hat, der Pater. No ja, vielleicht brauchts dös heutzutags nimmer, hab i mir denkt. I bin halt nachher a so auße aus m Beichtstuhl…"

„Hast dir net den Nam gmerkt von dem Karmeliter?" frag i an Xav, „zu dem gang i aa ganz gern amol hin…"

„Jo, jo", sagt der Hierangl, „der Nam is ja überm Beichtstuhl angschriebn gwen. A ganz a komischer Nam: Pater Seraphim Abwesend hoaßt er…!"

Josef Fendl

Der schönere Traum

Wie der Klauberer Toni geheirat hat, ist er zum Wirt gangen und hat gesagt: „Da muß ein Essen her an meiner Hochzeit, daß es kein schöneres nie nit geben hat."

„Ist gut", hat der Wirt gesagt, „dann mach ich zuerst ein Voressen, dann Leberknödel, dann einen schweinernen Braten und dann – weißt, was ich dann noch mach?"

„Einen Zwetschgenkuchen?"

„Noch höher!"

„Ein Gselchtes gar mit Kraut?"

„Noch höher!"

„Itzt bleibt mir aber der Verstand still. Was willst dann noch machen?"

„Eine Gans!"

Der Klauberer ist im ganzen Dorf umeinand gerennt und hat gesagt: „Ein Essen laß ich machen an meiner Hochzeit, wie es kein schöneres nie nit geben hat. Und am Schluß gibt es noch einen Gansbraten!"

„Einen Gansbraten!" haben dann die Leut gesagt, „der Klauberer kriegt einen Gansbraten!"

Der Quirinhäusler aber hat gebrummt: „Einen Gansbraten hab ich noch nie nit gegessen. So einen möcht ich schon ganz gern. Und wann ein Trumm von der ewigen Seligkeit draufgehen müßt – aber so einen Gansbraten möcht ich auch einmal essen!"

Sagt der Partenhauser: „Ich wüßt schon, wie man zu dem Gansbraten kommen tät!"

„Ja", klagt der Quirinhäusler, „wenn man halt das Geld hätt, einen zu kaufen. Oder wenn man in der Verwandtschaft wär und er müßt einen zur Hochzeit laden, der Klauberer Toni."

„Und wann man nit zur Verwandtschaft gehören tät, und wann man nit das Geld hätt?"

„Alsdann wüßt ich nit, wie man zu einem Gansbraten käm!"

„So? Nit tätst es wissen? – Und wann man ihn aber stehlen tät, den Gansbraten?"

„Stehlen? Unser lieber Herrgott verzeih mir die Sünd!"

„So? Und tätst ein Trumm von der ewigen Seligkeit um einen Gansbraten geben? Weißt was: ich stehl ihn, den Gansbraten!" Und hat ihn richtig aus der Kuchel beim Wirt gestohlen, der Partenhauser. Hat ihn heimtragen und hat zum Quirinhäuser gesagt:

„Schau her, das ist er, der Gansbraten. Und wann er kalt ist, dann schmeckt er am besten. Morgen will ich ihn essen. Und heut will ich die ganze Nacht träumen von dem Gansbraten, da darfst auch mitträumen, und das kostet noch kein Trumm von der ewigen Seligkeit."

Und hat sich niedergelegt. Der Quirinhäusler nicht.

„Warum legst dich nit nieder, Quirinhäusler?"

„Weil ich in der Angst bin um die ewige Seligkeit."

„Dann bleib nur in der Angst. Ich schlaf, und wann ich aufwach, dann freß ich die Gans."

Wie der Partenhauser aufgewacht ist, sieht er den Quirinhäusler neben sich liegen, so brav, so geruhig und so zufrieden. Weil er halt ein soviel gutes Gewissen hat. Der hat halt die Gans nicht gestohlen. Das ärgert ihn, den Partenhauser. „Der soll auch nit so ruhig sein in seinem Gewissen. Ein Trumm muß ihm draufgehen von der ewigen Seligkeit!"

Und weckt ihn auf und sagt: „Quirinhäusler, itzt sollst die Hälft haben von der Gans, wann du einen schönern Traum gehabt hast in der Nacht als wie ich!"

„So verzähl deinen Traum!" sagte der Quirinhäusler.

„Ja", lacht der Partenhauser, „ich bin in meinem Traum im Himmel gewesen die ganze Nacht. Quirinhäusler – aber da haben die Engerl gesungen! Und wie ich kommen bin, haben sie um mich herumgetanzt und eine hellichte Freud gehabt. Ja, weilst nur grad da bist, Partenhauser! Gar nix anders haben sie sonst gesagt, als wie immer: ja weilst nur grad da bist, Partenhauser! Ist das nit ein arg schöner Traum? Einen schönern wirst halt nie verzählen können, Quirinhäusler?"

Sagt der Quirinhäusler und nickt bedächtig: „Ja das weiß ich schon, daß du im Himmel gewesen bist. Wie der Nachtwächter Elfe blasen hat, da bist zu den Engerln aufgefahren. Und wie ich die Engerl immer schreien hör: ja, weilst nur grad da bist, Partenhauser, da hab ich mir denkt, schau, der Lump ist pfeilgrad in den Himmel kommen. Mit wem sollt ich itzt die Gans verteilen? hab ich mir denkt; der Partenhauser pfeift drauf, auf den Gansbraten, der kriegt im Himmel die Gäns dutzendweis. Hab ich recht, oder hab ich nit recht?"

„Das weiß ich nit!" sagt der Partenhauser, und kriegt's mit der Angst zu tun.

„Ja, und ich hab mir denkt, wann er schon ein Engerl ist im Himmel droben, dann kann er auch für mich bitten, wann mir ein Trumm von der ewigen Seligkeit hin ist. Und hab die Gans gefressen."

Georg Queri

Xaver Spöttl beim Zahnarzt

Personen: Xaver Spöttl, Zahnärztin

Zahnärztin: Waren Sie schon einmal bei mir in Behandlung?
Xaver Spöttl: Naa, bis jetzt net.

Zahnärztin: Ihren Namen bitte…
Xaver Spöttl: Xaver Spöttl…
Zahnärztin: Geboren?
Xaver Spöttl: Ja
Zahnärztin: Wo?
Xaver Spöttl: In München.
Zahnärztin: Ein Münchner also
Xaver Spöttl: No ja, wenn ma scho da lebt…
Zahnärztin: Nun, Herr Spöttl, wo fehlt es uns denn?
Xaver Spöttl: Es is eingli bloß der Zahn. Der muaß raus! Und zwar
schnell!
Zahnärztin: Welcher ist es denn?
Xaver Spöttl: Der da hint' is. Der Stockzahn…
Zahnärztin: Aha, das ist aber ein Weisheitszahn…
Xaver Spöttl: So so. Aber dees is mir wurscht. Raus muaß er!
Zahnärztin: Der hat eine ganz nette Wurzel. Da muss ich Lachgas
geben, sonst ertragen Sie den Schmerz nicht.
Xaver Spöttl: Lachgas? Ja was waar denn dees! Nia im Leben! – I
konn a'n Schmerz vertragn. Damois, in Afrika, da hat ma a Dokta a
Kugl ohne Narkose aus'm Fuaß zogn! – Wissen'S, dees war a so…
Zahnärztin: Ja ja, das glaube ich Ihnen gerne. Aber spritzen müs-
sen wir auf jeden Fall.
Xaver Spöttl: Was kost'n dees?
Zahnärztin: Eine Einspritzung kostet Neunundvierzigeuroneunzig…
Xaver Spöttl: Und s'Reißn?
Zahnärztin: Das kostet Neunundneunzigeuroneunzig
Xaver Spöttl: Na reiß' m'an bloß!

Zahnärztin: Das halten Sie nicht aus, mein Guter. Der Zahn hat eine Wurzel wie eine Eiche.

Xaver Spöttl: Dees is mir wurscht. I konn an Schmerz vertragn: Damois…

Zahnärztin: Gewiss, gewiss, ich weiß. Damals in Afrika… Aber das ist etwas ganz anderes. Im Kopf laufen die Nerven zusammen. Da schmerzt es ganz erbärmlich.

Xaver Spöttl: Im Kopf sagn Sie? Aha. Aber wia gsagt, i konn scho an Schmerz vertragn. Damois…

Zahnärztin: Ich glaube Ihnen ja, dass Sie tapfer sind. Aber diesen Schmerz halten Sie nicht aus. So verstehen Sie doch!

Xaver Spöttl: Frau Dokta, i sag Eahna, mir reißn ohne Spritzn. I mach koan Muxa.

Zahnärztin: Wenn Sie auch keinen Muxer machen, und wenn Sie auch schmerzunempfindlich sind, einen Schrei tun Sie. Das kann ich Ihnen versichern. Da wären Sie der Erste! – Der Schmerz ist einfach zu stark…

Xaver Spöttl: Frau Dokta, jetzt hab i's Eahna scho a paarmoi gsagt, mir reißn bloß. Und wenn i nur den leisesten Schroa tua, na kriagn Sie von mir extra an Hunderter! OK?

Zahnärztin: Also gut. Es hat ja keinen Zweck, dann reiße ich Ihnen eben den Weisheitszahn ohne Spritze. Das ist das erste Mal in meiner Praxis. Und wenn Sie tatsächlich keinen Schrei tun, dann erlasse ich Ihnen mein Honorar. Denn dann haben Sie wirklich keinerlei Schmerzempfinden und das zu erleben, ist mir Neunundneunzigeuroneunzig wert.

Xaver Spöttl: Oiso, na reiß ma! Nimma z'lang wartn!

Zahnärztin: Aber nicht schreien, sonst werden meine Patienten im Wartezimmer unruhig.

Xaver Spöttl: I schrei net. Und dees mim Honorar, guit dees?

Zahnärztin: Jawohl, das gilt.

Xaver Spöttl: Na is oiß recht. Oiso, fang ma o!

Zahnärztin: Menschenskind, sitzt dieser Zahn fest. Tut mir leid, aber ich muss ihn lockern! Wie ich schon sagte: eine Wurzel wie eine Eiche! Na endlich, da haben wir ihn ja! Ein schöner Brocken.

Xaver Spöttl: Wie, zoagn'S m'an amoi? Ja is dees a Lackl!

Zahnärztin: Sie sind mir ein Rätsel. Haben Sie denn wirklich nichts gespürt?

Xaver Spöttl: Rein gar nix. Net amoi a bröckl…

Zahnärztin: Haben Sie vielleicht zuvor eine starke Dosis Schmerztabletten geschluckt?

Xaver Spöttl: Naa, net oane.

Zahnärztin: Warum grinsen Sie denn so? Irgendetwas kann da nicht stimmen.

Xaver Spöttl: Oiß stimmt, Frau Dokta. Oiß. Aber was is jetzt, muaß i was zoihn oder net?

Zahnärztin: Natürlich brauchen Sie nichts zu bezahlen. Mein Wort gilt. Interessieren würde mich allerdings schon, weshalb Sie nich den leisesten Schmerz verspürt haben?

Xaver Spöttl: Oiso, dees mim Honorar bleibt dabei?

Zahnärztin: Gewiss, gewiss…

Xaver Spöttl: Guat, na sag i Eahna, warum i nix gspürt hab. Gestern hat dees verdammte Zahnweh o'gfangt. Und heit hab i's nimmer ausghoitn. Da bin i zu Eahnara Konkurrenz ganga, weil der näher bei mir is. I hab g'fragt, was as Zahnreißn mit Spritzn kost. Da hat er gesagt, dass bei eahm a Spritzn Neinavierzgeuro neinzge kost, und s'Reißen Neinaneinzgeuroneinzge. Unterdessen hat er mi scho gspritzt ghabt. Da hab i zu eahm gsagt, dass dees ganz schee teier waar und dass Sie garantiert net so vui verlanga taan. Da hat er gesagt, dass dees net wahr waar, und Sie genau so teier waarn wia er.

Da hab i zu eahm gsagt, dass i mit eahm wettert, dass ma Sie an Zahn glatt umasunst reißn taan. Sozusagen aus purer Menschlichkeit. Und da hat er gsagt, dass i dees ruhig versucha soitat und wenn i's zammbraacht, na brauch i eahm de Spritzn aa net zoihn. Und Sie sehgn ja selber, i habs zammbracht! Oiso, Pfüad Eahna, Frau Doktar.

Werner Schlierf

De Zwillingsschwestern

De Zwillingsschwestern Lies und Lena
san net zum Ausananderkenna.
Ja, net amoi der Vatta is sich gwiß:
Is dös jetzt d' Lena, oder is dös d' Lies?
Neilings vom Wirtshaus hoam, ogschlagn net weng,
da hat er seine Töchter doppelt gsehng.
Daß d' Zwilling auf amoi jetzt Vierling warn,
 dös is an Xare nei in d' Knocha gfahrn.
Er hat 's gar net so richtig registriert.
Bloß oans hat 'n ganz offenbar geniert:
„Daß i nia woaß, wer d' Lena is und d' Lies",
sagt er, „is für an Vatta scho recht mies.
Aber ab heit muaß i mi wirklich schaama.
De andern zwoa kenn i net moi beim Nama."

Josef Steidle

Zungenschläge

Wer gute Beziehungen hat,
hat auch gute Bezüge.

Reich wird man nur
in Raffghanistan.

Parma- oder Pharmaschinken?
Natürlich lieber den von der Pharma,
der hält bis zum Jahre 3002

In Millionen von Jahren wurde die Erde entdeckt.
In Müllionen von Jahren wird sie wieder zugedeckt.

Zwischen Uniformierten
und Uninformierten
ist der Unterschied offensichtlich gering.

Der wichtigste Partner des Fernsehens
ist die Stiftung Narrentest.

Mancher husband
wird zum Hassband.

Mehr als seine Gefährtin
liebt er sein Gefährt.

Bei schlüsselfertigen Häusern
sind oft nur die Schlüssel fertig.

Wenn alles für dich erledigt wird,
haben dich alle erledigt.

Hardy Scharf

Weiß-blauer Wortwitz

gesammelt von Josef Fendl

In der Schweiz spricht ma drei Sprachn", hat dersell Lehrer gsagt, „Luzern zum Beispiel hoaßt af Italienisch Lugano und af Französisch Lausanne…"

„Mei Papa hat mir s net macha lassn!" hat dersell Bua gsagt, wia der Lehrer als Hausaufgab gebn hat: „Beschreibt mir bis morgen die Tapete in eurem Wohnzimmer!"

„Was is denn dös für a Ordnung?" hat dersell Pfarrer d Pfarrsekretärin gfragt. „A biblische", hat s gsagt, „suchet, und ihr werdet finden!" „Liaber a Haus im Grünen", hat dersell CSU-Stadtrat gsagt, „als einen Grünen im Haus!"

„Hol mir a Bier!" hat er zu seim Wei gsagt. „Da fehlt noch ein Wort", hat sie gsagt, „mit zwei t!" Er drauf: „Aber flott…!"

„I möchert gern die Platte hörn: ‚Mozarts Kleine macht Musik'!" hat diesell Wunschkonzertanruferin gsagt.

„Mama, schau, lauter Melissengeister!" hat dersell Bua gsagt, wia er a ganze Reih Klosterschwestern über d Straß geh hat seghn.

„Ein Kamel kann vierzehn Tage arbeiten, ohne zu saufen", hat diesell Lehrerin gsagt. „Dös is no gar nix", hat der Bua gsagt, „mei Vater kann vierzehn Tag saufn, ohne zu arbeiten…!"

„Zur Zeit Jesu hat es im Heiligen Land eine furchtbare Krankheit gegeben", hat dersell Bua gschriebn, „den Aufsatz!"

„Dös wundert mi net!" hat dersell Bauer in der Ausstellung ‚Moderne Kunst' gsagt, wia er unter am Bujdl dös Schild UNVERKÄUFLICH gseghn hat.

„I kaaf meiner Altn zum Geburtstag a Rennroß!" hat dersell Lucki gsagt. „Ah geh!" – „No ja, koa ganz, bloß a paar Pfund…!"

„Ihr sollt sein wie die Zündhölzer", hat dersell Missionsprediger in der Standeslehr zu dö Manner gsagt, „die entflammen sich nur an ihrer eigenen Schachtel…!"

„I arbert bei Weiß & Freitag", hat dersell Maurer zu seim Kollegn gsagt, „und du?" – „Bei Schwarz und Samstag!" hat der gsagt.

„Durch meine Kunst", hat dersell Metzger über sei Gschäft gschriebn, „kommt das Schwein in die beste Gesellschaft!"

„Dös is doch der Redakteur von unserer Tageszeitung…", hat dersell im Fasching zu seiner Frau gsagt. „– und die Dame?" – „– dös is sei Nachtbeilage!"

„Der Wisch!" hat dersell Bua gsagt, wia oaner wissn wollt, wia ‚Schulzeugnis' auf Arabisch hoaßt.

„Na, liaber a Speckbrot!" hat dersell Wanderer gsagt, wia n der Wirt gfragt hat, ob er an Prospekt möcht.

„Die Verkehrsampel ist ein grünes Licht", hat dersell Bua im Aufsatz gschriebn, „das beim Näherkommen rot wird."

„Na, aber von der gleichen Firma!" hat dersell Pfarrer gsagt, wia der Strohwitwer durch die Sprechanlag gfragt hat: „Bist es du, mein Engelchen?"

„Dö Papagei werdn bloß zu zwoat abgebn", hat dersell bayerische Tierhandler gsagt, „weil dös oane is a Preiß und der andere der Dolmetscher…!"

„– und wann geht jetz dann die Modnschau an?" hat diesell Bäuerin gfragt, wia s amol in a Rock-Veranstaltung gangen is.

„Unser Lehrer ist ein Esel!" habn dieselln Kinder an d Tafl gschriebn. Da hat der Lehrer d Kreidn gnommen und druntergschriebn: „-treiber!"

„Hell-sinki", hat dersell gsagt, wia s n gfragt habn, wia ‚Sonnenuntergang' auf Finnisch hoaßt.

„Der Zahn der Zeit, der schon so manche Träne getrocknet hat", hat dersell Lehrer gsagt, „wird auch über diese Wunde Gras wachsen lassen…"

„Der Dachs ist ein Tier", hat dersell Lehrer gsagt, „das nur in der Nacht ans Tageslicht kommt."

„Mit Dreck fängt man Läuse!" hat dössell Deandl gsagt, wia der Lehrer a Sprichwort hörn wollt.

Aus dem Westentasch'l

„Geh weida, Franze, daß i ned lach', fuff 'zg Euro – de zoi'st d'doch aus'm Westentasch'l…"
  „Ja, du g'foist ma – wos glaabst denn du? – Moanst, i hab da an Geldscheißer drin?…"
  Ganz so einfach ist es eben doch nicht, immer nur mit leichter Hand, nur so nebenbei, etwas „aus dem Westentasch'l" zu erledigen. Aber die Redewendung hat dennoch ihre Berechtigung, denn im Westentasch'l fanden sich für gewöhnlich halt doch etliche Münzen, mit welchen sich Kleinigkeiten – ein Telefongespräch, ein Straßenbahnfahrschein, ein Almosen, ein Trinkgeld – bestreiten ließen. Früher gehörte zu einem vernünftigen Anzug auch immer eine Weste

mit vier Taschen. Zwei in Brust- und zwei in Leibhöhe. Oder mindestens die beiden letzteren.

Darin konnte man die Daumen einhaken, wie das unser alter Geographieprofessor stets zu tun pflegte, den ich auch deshalb eigentlich mit nur acht Fingern in Erinnerung habe. Die hatte er wie blasse Kalbsbratwürstel über seinem Bauch ausgebreitet und dabei die Daumen in die unteren Westentaschen versenkt.

Im Grunde sind freilich diese Taschen nur wenig nutzvoll. Viel zu klein, um etwas darin unterzubringen. Man kann keine Hände hineinstecken, keinen Geldbeutel, kaum ein Taschentuch – vielleicht gerade noch ein Feuerzeug, etwas Kleingeld, ein altes Kinobillett oder einen verwuzelten Garderobenschein. Gelegentlich läßt sich aus ihnen auch ein Knopf zutage fördern, der irgendwo andernorts seinen Dienst aufkündigte, ein Zettel mit einer kaum noch lesbaren Telefonnummer (von der man gar nicht mehr weiß, wen man damit erreicht), eine Büroklammer oder einen winzigen Schlüssel, der einmal zu dem Vorhängeschloß im Keller gehörte, den man längst ausgewechselt hat, weil man ihn, den Schlüssel, ums Ver recken nicht mehr hat finden können.

Das Westentasch'l ist ein Überbleibsel, ein Relikt der Mode von „Gestern". Damals trug man im „Gilettasch'l" – wie es unsere alpenländischen Nachbarn noch heute nennen – vor allem die Uhr. Einen mehr oder minder voluminösen Zeitmesser, der dort – in Körpernähe und Körperwärme – wohlgeborgen war. Seine Anzeigegenauigkeit schrieb man gerne der gleichmäßigen Temperatur zu, die ein zufriedenes Zwerchfell in nächster Nähe ausstrahlte.

Die äquatoriale Verbindung von einem Westentasch'l zu anderen wurde gewöhnlich durch eine eindrucksvolle, teils der Sicherheit, teils der Zierde und dem Ansehen dienenden Kette dargestellt, die gelegentlich – über ihren Nutzwert hinaus – mit allerlei Reliquien, Amuletten, Trophäen oder Repräsentationssymbolen geschmückt sein konnte. Ein goldgefaßtes Hirschgrandl etwa, eine kleine geweihte Münze, ein „Bierzipfl" eines „Korps" oder ein silbernes Pferd, wie es der „Lausbub" Ludwig Thoma im Eisenbahnabteil bei seinem Mitreisenden beobachtete – „Ein dicker Mann ist am Fenster gesessen, und an seiner Uhrkette war ein großes, silbernes Pferd. Wenn er gehustet hat, ist das Pferd auf seinem Bauch getanzt und hat gescheppert."

Ebenfalls zu scheppern pflegt auch gewöhnlich das „Charivari", das – sofern es sich um eine Trachtenweste handelt – dicht unterhalb der Westentasch'l in sanftem Bogen quer über die Schauseite seines Besitzers hängt. Normalerweise ist es eine Weiterentwicklung der Uhrkette (meist aber ohne Uhr), die reichlich bestückt ist mit einem Sammelsurium silbriger Kuriositäten, allerlei Tierminiaturen, Münzen, Jagdtrophäen von der Raubvogelklaue bis zum Mardergebiß, und häufig auch geweihte Reliquien gegen allerlei Wehdam. Die Komplettierung eines solchen „Charivaris" (das Lexikon übersetzt es mit „Durcheinander") kann bis zum Exzeß übertrieben werden, das den grotesken Träger schließlich mit seinem Bauchschmuck daherklirren läßt wie einen Sechserzug von einem Brauereigespann auf der Wiesn.

Soviel zum Westentasch'l und seine nächste Nachbarschaft.

Hans Fischach

A Hund mächat i sei

I waar ganz gern amoi a Hund,
guat aussagfuadat und schee gsund.
Des waar a diam fei gar net schlecht,
weil i grad toa taat, was i mecht.
Koa Steia brauchat i net zoin,
mein Nama an koa Tür himoin,
i brauchat nia koa Stückl Gwand,
laffat bloß nackat umanand.

Des beste Fressn taat i kriang,
mi'm Herrle auf d' Bahamas fliang,
vui Urlaub macha, nia koan Streß,
flaniern und o'gem mit Nobless'.
Ja, so a Hund, der hat's hoit schee,
der muaß aa in koa Schui net geh,
kriagt alles was er grad so braucht,
ois wia de allerhöchst' Durchlaucht.
Natürlich nur ois Herrenhund,
nur der is finanziell so gsund
und konn aa ohne große Müah
sei Lem genießn, frag net wia!
Braucht koa mager's Boa abfiesln,
hat sein eigna Baam zum Bisln,
kriagt Werktag, Sonn- und Feiertag
alle de Schmankal wo er mag,
braucht net de gringste Arwat toa,
is – wenn er mag – aa net alloa.
Konn Weiwa ham glei nach da Reih
und alle Rassn san dabei.
Tuat d' Hundedamen recht daliang,
oi Tag an andane vaziahng,
koa Alimentenzahlerei,
bloß ledig sei und ewig frei,
is oiwei an da frischn Luft,
kennt alle Spezln glei am Duft.
A kurza Ratsch, an Hax aufhem,
vo oam Tag in den andan lem.
Ois Hund, da bist hoit no a Hund,
zum Zwidasei hast nia koan Grund,
denn neamand redt dir ebbas drei,
du bist no Hund und derfst a's sei!

Gustl Bauer

Freier Germane in der Oper

Bei schönstem Biergartenwetter trifft der Maxl einen Bekannten, dessen Birne vor Mißmut rot leuchtet. Trotz 25 Grad im Schatten trägt er einen schwarzen Samtanzug, den Hals hat er sich mit einer Krawatte zugeschnürt.

Beerdigung? mutmaßt Maxl.

Wenn's bloß das wär, meint der andere. Aber mich hat's viel schlimmer erwischt. Ich muß heut abend in Don Carlos! Fünf Stunden permanenter Gesang!

Um ihn aufzurichten, ruft ihm der Maxl nach, daß er am Abend im Hirschgarten anzutreffen sei.

Natürlich wundert er sich über diesen Zeitgenossen. Warum hetzt jetzt der dem spanischen Infanten nach, wenn er ihm so zuwider ist, und der ihn überdies als Bayer so gut wie nichts angeht? Sollte das wieder einmal einer jener vielberedeten Zwänge sein, von denen der Mensch unserer Tage auf Schritt und Tritt eingeengt wird?

Maxl gelobt insgeheim, niemals und unter keinen Umständen derartigen Zwängen nachzugeben. Koste es, was es wolle! Sein diesbezügliches Motto lautet: Wir wollen frei sein, wie die Väter waren!

Was ihn betrifft, so richtet er sich jetzt jedenfalls seelisch auf den Hirschgarten ein. Er kauft einen Kas und einen Radi und eine Tüte voll Maurerloabi.

Wie er nach Hause kommt, findet er seinen schwarzen Anzug, ein plissiertes Hemd und ein neckisches Schleifchen auf dem Bett und die Muschi unter der Trockenhaube. Beeil dich, sagt sie, wir müssen in die Oper. Don Carlos. Die Gabliceks haben uns Karten geschenkt.

Der Maxl glaubt, er hört nicht recht. Was? Don Carlos? Glaubst du vielleicht, daß ich mich gesellschaftlichen Zwängen beuge, die ausgerechnet die Gabliceks abschütteln und an uns weitergeben? Was fällt denn diesen Leuten überhaupt ein?!

Die Gabliceks wollen doch nur deshalb nicht, weil sie nichts zum Anziehen hat, entgegnete die Muschi. Sie haben die Karten selber bloß von dem Oberministerialrat bekommen, der neben ihnen wohnt, und bei dem die Frau Gablicek zweimal in der Woche saubermacht.

Ist doch mir wurscht, empört sich der Maxl. So soll man die Staatstreue nicht übertreiben, daß man Staatsdienern, die dienstlich zum Besuch von Opern verpflichtet sind, ihre Stunden absitzt! Noch dazu bei der Hitz! Wer sind wir denn überhaupt?

Wütend feuert er den Kas, den Radi und die Maurerloabi auf den Tisch. Ich bin ein freier Mensch, schreit er, frei hat mich Gott erschaffen, und frei gedenke ich zu bleiben und nicht zum Knecht der Ministerialbürokratie zu werden!

Um Gottes willen, ruft die Muschi, so hab ich dich ja noch gar nie erlebt! Bist du vielleicht zu lang in der Sonne gewesen?

Maxl hat nicht übel Lust, ihr den Radi hineinzurennen. Doch er bezähmt sich und sagt düster: Richt dich zsamm! Wir gehn in den Hirschgarten! Und den Don Carlos kannst dir an den Hut stecken!

Da erkennt sie natürlich schlagartig, daß ein freier Mann vor ihr steht, der auch überdimensionalen Zwängen die Stirn bietet, und bricht in wildes Schluchzen aus. Jedoch nicht vor Glück, sondern aus Verzweiflung.

Warum er ihr denn dann bloß das schöne grünseidene Abendkleid gekauft habe, stößt sie weinend heraus, und er kann in der Tat keinen vernünftigen Grund dafür nennen. Es muß wohl so etwas wie eine Kurzschlußhandlung gewesen sein.

Oh, wenn der Maxl, bei aller Härte gegen die ihn umlauernden Zwänge, nur nicht so ein weiches Herz hätte! Wenn er nur Weiber länger weinen sehen könnte!

In der Opern-Pause trifft er auf den vom Zwange gezwickten Bekannten vom Vormittag. Natürlich ist der erstaunt, ihn hier zu sehen. Beide halten zwei Gläser Sekt in den Händen und schauen nach ihren lieben Frauen aus.

Eine kolossale Aufführung von hohem künstlerischem Niveau, bedeutet der andere dem Maxl. Der zahlt ihm mit gleicher Münze zurück: Eine bewundernswerte Leistung des ganzen Ensembles, nur die Stabführung könnte etwas straffer sein. So gut hab ich den Don Carlos noch selten erlebt!

Und der Hirschgarten? fragt der andere lauernd, und eine gewisse Schadenfreude in seiner Stimme ist unüberhörbar.

Man muß den banalen Zwängen des Alltags im höheren Interesse der Kunst auch einmal trotzen können, entgegnet der Maxl.

Jeder freie Germane hätte da wohl seine Freude an ihm gehabt!

Herbert Schneider

Frühschoppen im Hofbräuhaus

Hier steht ein Faß – und an das Faß geschweißt,
Dem Fasse ähnlich, dick und rund gerollt:
Ein k. b.* Rat… ein Dienstmann… und ein Bold,
Der sich (mit Gamsbart) als ein Preuß' erweist.

Derselbe überzeugt durch Witz und Geist,
Wenn er den Maßkrug im Komment erhebt
Und sich im boar'schen Dialekt bestrebt
Und seinen Radi samt dem Grünzeug speist.

Ein blütenzartbestaubter Lindenbaum
Steht zag im Duft von Bier und Rauch und Schweiß.
Ihn zieren keines Vogels holde Nester…

Ein schönes Mädchen, ganz in Blond und Weiß,
Geht wie verlassen durch den grauen Raum.
Da sagt sie zu der schönen Linde: Schwester…

* königlich bayrischer

Klabund

Der billige Jakob unterhält die Bauern auf dem Jahrmarkt

Grüß Gott, meine Herrschaften! – Jetzt hab ih schon gmoant, ös-sagts aa grüaß Gott – aber bei enk gscheerte Hohnawacheln is ja dees net der Brauch. Seids halt Rammi! Is aber oa Ding, ös sollts mei Sach ham, gschenkt sollts es ham, nachwerfa tua ih's enk, ih will nix mehr mit in d'Stadt mitnehma.

Warum sollt ih zum Beispiel so an schön Hosnträger (er streckt und dehnt ihn und zeigt ihn mit verliebten Gesten) wieder mit hoam nehma? Ih hab ja noh 10 Millionen solche dahoam! Und ich brauch ja gar koan: bei mir dahaom hat ja sie d' Hosen oh – und ausziaghn tuat sie's nia.

Für so einen Hosenträger – schaugts'n oh: den kann man bis Paris hinteri ziaghn – für den taat an anderer 5 Mark verlanga. Dees is der berühmte Patenthosenträger Schastiquasti-Gummielasti, wo das Patent alloa 20 000 Mark gekostet hat. An dem hat sich in München amal a Bäckermeister, der fünfstöckiger Hausbesitzer war, aufgehängt und es hat dem Hosenträger nix gemacht. Und wenn a Bauer a Kuah kauft und hat koan Strick bei eahm – er konn dee Kuah doch net am Schneiz-tüachl hoamführn, weil er nia oans hat – so kann er die Kuah an die-sem Schastiquasti-Gummielasti-Patenthosnträger hoamführn.

Nur eine Mark dieser Hosnträger!

Kaffts, ös Gscheertn, es ist nimmer Mode, daß ma d'Hosn an a Spa-gatschnürl tragt. So a Hosnträger is besser, als wenn oaner sei Hosn an vier guat versilberte Beißzanga hänga hat!

Halt – ih hab mei guats Herz entdeckt: da hätt ih doch extrig ein Dutzend Patentknöpf zu dem Hosnträger dazua. Es kann ja doch vor-kommen, daß einem an der Hosn amal a Knopf bricht und man kann die Hosn doch net in der Hand tragen. Da nimmt man also so einen

Patentknopf vom billigen Jakob, den kann man ohne Nadel, ohne Faden und ohne Schwiegermutter annähen.

Und das alles um eine Mark!

Meine Herrn Bauern und Ökonomen, ih brauch a Geld – mei Schwiegermutter muaß zum Militär!

Und wie dieser Hosnsträger elastisch is! Noch kein Jahr alt und kann schon hupfen (er läßt ihn schnellen) –!

Ja, meine Herren Bauern und Ökonomen, wann ih eure Gsichter seh und mein leern Geldbeutel) dann falln mir alle meine Todsündn ein. Da muß ich gleich dieses Gebetbuch zur Hand nehmen) ein schönes Gebetbuch, ein sauberes Gebetbuch, ein heiliges Gebetbuch!

Jetzt will ich sehen, ob ihr noch eine Religion im Leibe habt! Oder ob ihr lauter Liberale oder Sozi seid! Mit diesem Gebetbuch kommt ihr nicht in die Hölle und nicht in's Fegfeuer, mit diesem Gebetbuch kommt ihr pfeilgräd in den Himmel.

Was, ihr könnt's nicht lesen; ja, wenn eure Schulmeister beim Metzger gestorben sind, dann kann ich auch nichts dafür. Aber dieses Gebetbuch braucht man ja gar nicht lesen. Da braucht man nur alle Wochen – ah, was! alle Quatember – zwischen Zwölf und Mittag ein bißl hineinschauen, dann kommt man schon pfeilgräd in den Himmel. Das wann man auf den Erdboden legt, dann stolpern alle Hexen und Truden drüber und der Gerichtsvollzieher bricht sich's Gnack.

Aber wer dieses Gebetbuch nicht kauft, den holt der ander mit die gspitzigen Hörndl. Da gibt's aber so arme Teufel, die haben kein Geld, um ein solches Gebetbuch zu kaufen. Denn für ein solches Gebetbuch kann einer 10 Mark, 20 Mark, 100 Mark, 1000 Mark und 100 Millionen verlangen, das is's wert.

Das wär eine saubere Himmelfahrt für euch, wann so ein Gebetbuch soviel Geld kosten tät! Aber da schaugts mich an, ich gebs euch um eine Mark! Um ein ganzes Markl! Ja, habts denn gar keine Religion in eurem Geldbeutl! Müßts denn da sein, wo's schön warm is und wo dem Teufl sei Großmutter fleißig nachfeuert?

So, und jetzt müßts mit Fleiß in den Himmel – jetzt geb ich euch dieses Gebetbuch um ein Fufzgerl – daß ich mich nicht Sündn fürcht; um ein Zwanzgerl!

Wann einer nicht den Beutl ziehgt,
die Seel nicht in den Himmel fliegt!

Ah, der Herr Vetter! Gel, druckn dich d'Sündn und meinst, ein zwanzgerl kannst riskiern. Was, gleich zwei? Mußt aber ein schönes Sündnpackl beisamm ham!

Jetzt hab ich aber an dem sein Geldbeutel gesehn, daß ihr Herrn Bauern und Ökonomen gar nicht wißt, was ein richtiger Geldbeutl ist. Ja da seid ihr wieder schön angeschmiert worn beim Geldbeutel-einkaufn! Da kommt so ein Hausierer mit einer krummen Nas, lügt das Blaue vom Himmel herunter und verkauft euch so einen Geld-beutl um 3 Mark. Dann sagt er, ob er nicht um Gotteswilln eure Nudl mitessn darf – gut, ihr laßt ihn um eine Mark Nudln mitfressn.

Aber da schaugts meinen Geldbeutel an: der kostet nicht drei Mark, nicht zwei Mark, nicht eine Mark, der kostet blos fufzig Pfen-ning und ist ein Schloß dran, das nicht einmal ein Schlosser aufma-chen kann, und das Geld drin ist so sicher, daß's nicht einmal ein Böhm stehlen kann.

Dieser Geldbeutel ist nicht aus Ochsenleder, nicht aus Schweinsle-der, nicht aus Kuhleder, er ist aus 99jährigem Schwiegermutterleder.

In diesem Geldbeutl ist ein Patentzinszahler, der euer Geld in jeder Woch verdoppelt und verdreifacht. Und alles um ein Fufzgerl!

Einkauft! Ja, ich kann euch doch nicht auch drei Krontaler extra in den Geldbeutel hineinlegen. Ein Fufzgerl!

Eure Kinder sollt ihr versetzen, nur, um beim billigen Jakob einzu-kaufen!

Aber ihr seid mutlos, verständnislos und geldlos! Vor 14 Tagen war ich auf dem Eiermarkt in Jerusalem, die haben mich auch nicht ver-standen, weil sie nicht Deutsch können.

Aufgepaßt, ihr Rindvieh- und Pferdebesitzer! Hier hab ich ein No-tizbuch, da könnt ihr eure Hypothekenschulden hineinschreiben.

Und wenn ihr sie schön hineingeschrieben habt, dann müßt ihr sie schön zusammenrechnen und das Blatt herausreißen und in die Isar werfen – das ganze Glump ist bezahlt. Und hier hab ich einen Brillantring, der ist in Amsterdam geschliffen worden, da haben 10 000 Weiber Tag und Nacht im Zuchthaus dran geschliffen, bis er so schön geworden ist. So einen Brillantring tragt nicht einmal ein König; den tragt nur ein Metzgermeister bei die heutigen Fleischpreis.

Und da hab ich noch eine Uhrkette, die sieht besser aus wie Gold, trägt sich besser wie Gold, die verkauf ich für Gold und ist doch kein Gold! Wer eine solche Uhrkette trägt, der wird in acht Tagen Bürgermeister, in vierzehn Tagen Landrat, in einem Monat ein Baron!

Und hier meine Herrschaften, da habe ich einen Operngucker, das ist das berühmte Patent. „Umseckumi", den kann man als Halsspiegel, als Augenspiegel, als Ohrenspiegel, als Nasenspiegel, als Gehirnspiegel brauchen. Wenn der Geheimrat Pettenkofer diesen Hirnspiegel nicht gehabt hätt, dann hätt er dem Kaiser von China die 60 000 Maulwürf nicht aus dem Kopf schneiden können. Und wenn ihr diesen Ohrenspiegel nicht habt, dann kommt ihr niemals drauf, daß eure Ohrwaschl notwendig waschen brauchen. Und mit diesem Spiegel könnt ihr die bösen Absichten eurer Schwiegermutter durchschauen. Und mit diesem Nasenspiegel könnt ihr euch die Würmer aus der Nase ziehn!

Eiei, eiei, eiei! Aber jetzt hab ich einen Meterstab, der ist gleich um einen halben Meter länger wie ein gewöhnlicher Meterstab. Mit dem kann man das Stroh schon abmessen, wenn man erst angesät hat.

Ja, so kaffts doch ein! Ich kann euch doch nicht noch ein halbes Dutzend seidene Bratwürscht dreingeben!

Und jetzt – gel, da schaugts, was dees is! Dees ist – was, dees soll a Löffl sein? Du nixnutziger Bub, wie willst du einem erfahrenen Mann was erzählen, der im Burenkrieg die Filzläus zugeritten hat und dem General Botha seine Schwiegermutter gefangengenommen hat? Für was hab ich denn den ledernen Sankt Michael mit die Brüllaffn am Bandwurm?

Nein, das ist kein Löffel nicht, das ist eine Ernährungsmaschine. Da haben sich die Bauern früherszeit ein Loch in den Bauch gemacht und die Suppen hineingeschüttet – das alles brauchts jetz nicht mehr. Jetzt braucht einer nur sein Vaterunserloch aufmachen und mit diesem Instrument die Suppen hineinzutun. Mit einer solchen Maschine kann man eine Familie von zwölf Köpfen in anderthalb Minuten satt machen.

Aber hier hab ich noch einen Kamm – den verkauf ich gar nicht gern. Denn wenn ich diesen Kamm verkauf und komm in hundert Jahren wieder zu euch, dann kann ich euch keinen mehr verkaufen, weil ihr diesen Kamm immer noch habt. Diesen Kamm kann man biegen wie man will, mit diesem Kamm kann man zuhauen, wie man mag (er schlägt einen Jungen auf den Kopf), meine Großmutter hat mit einem solchen Kamm im letzten Winter das ganze Holz gesägt und man merkt's ihm heut noch nicht an. Dieser Kamm hat zwei Seiten, eine asiatische und eine europäische. Wenn ihr euch mit der asiatischen kämmt, so fangt ihr fufzig Läus auf einmal, mit der europäischen fünfundzwanzig.

Meine Herrn Rindviech- und Pferdebesitzer, kaufts Kämme, es kommen lausige Zeiten! Stehts doch net immer da als wia der Ochs am Berg, ös Rammi! Wollts denn euer Geld einsalzn lassn, daß's net stinkat werd? Sollt ih net an jedn a Maß Bier zahln für's Zuhörn und's Maulaufsperrn?

Aber jetzt muß ich einmal eine schöne Geschichte erzählen: ich bin einmal in Niederbayern auf einem Bauernhof gewesen, der war so groß, daß der Bauer für die Roßdeckn eine eigene Remis gebraucht hat. In dieser Remis hab ich einmal geschlafen, sonst könnt ich euch die Roßdeckn, die ich jetzt in der Hand hab, nicht so billig verkaufen. Schaut euch einmal eine solche Roßdeck' an – da ist das Anschaun schon ein Zwanzgerl wert. Aber wann ihr sie kauft, dann kriegt ihr sie um eine Mark, und dann schaut ihr sie fünfmal an und dann habt ihr die schöne Decke umsonst. Eine Mark für eine solche schöne Roßdecke aus Niederbayern, da wo es am niedersten ist! Nur eine Mark eine rein wollene Roßdecke. Die ist so lang und breit, daß man ein Roß braucht, um drum herumzureiten. Da könnt ihr eine Wallfahrt drum rum machen vierzehn Täg lang, und dann noch drei Stund. Hinaus in die Welt um das billige Geld. Ja, Herr Nachbar, da kann ich halt auch nix dafür, wann dir der Verstand eingefroren ist. Kauf dir eine solche Roßdecke, wickl dich schön damit ein, vielleicht kommst in s Schwitzn und er taut dir wieder auf. Kaufts nix? – Ja, ja, ich bin ja nur zu eurer Unterhaltung da, wie's Kraut beim Fleisch.

Wann ihr kein Geld nicht habt, warum gehts denn auf den Markt? Bleibts im Bett liegen, daß's euch nicht in d'Zehen friert.

Und wann euch wieder warm wird, dann stehts auf, schlagts die Fenster ein und verkauft das Glas – und kommts wieder zum billigen Jakob.

Sonne, Mond und Sterne kann ich euch nicht geben und keine Maß Bier auch nicht, weil selber fressn und sauffn fett macht. Aber ein Messer kann ich euch geben, das ist so scharf, daß man einer Laus den nackatn Arsch rasiern kann. Dieses Messer is so scharf, daß einer, der am Sonntag damit derwischt wird, gleich um drei Monat mehr kriegt.

Und was nützt denn ein Messer, wenn keine Gabl nicht dabei ist? Eiei, eiei, eiei, so eine schöne Gabel – die hat ja gleich vier Spitz, jetzt seh ich's erst. Die muß ich gleich wieder einpacken, weil's mich zum Verkaufen reut. Ah, was! Ist ein Ding, hat der Bauer gsagt, und hat das Roß mit der Kuh geschlacht', jetzt geb ich die Gabel zu dem Messer um ein Fufzgerl. Eine Gabel mit vier Spitz: auf den einen tut man s Kraut, auf den andern das Fleisch, auf den dritten die Nudl und auf den vierten den Zwetschgentauch.

Wer da nicht kauft, der muß sich vom Zimmermann ein neues Brett vor's Hirn hinmachen lassen. Ich kann's euch ja ruhig sagen, warum ich alles so billig geb: morgen kommt der Gerichtsvollzieher zu mir, und der Gerichtsvollzieher muß sein ein Umeinsinstbemüher!

Der kriegt bei mir nix als einen Dreck an einem gespitzigen Hölzl – das ander kriegen alles meine Bauern. Eiei, eiei, eiei, und was ich noch hab, das ist eine Bürste, keine Bürste, wie s' die Krattlermenscher haben, und keine Bürste, wie die armen Leut haben, bei denen das Bett mit einer Kreiden an die Wand hingemalt ist, und müssen darin schlafen, und wenn der Gerichtsvollzieher zum Pfänden kommt, dann nimmt er einen Radiergummi mit. Nein, das ist eine Kavalierbürste, und wann einer sein Gewand damit abbürstet, dann ist es schöner als wie neu, und wann einer seiner Alten über's Maul damit fahrt, dann sind die Faltn weg, und sie schaut aus wie ein Firmling.

Georg Queri

Mit Beilagen von an bis unter

Es hat mal Zeiten gegeben, da war eine der häufigsten Vokabeln auf jeder Speisekarte das Bindewörtlein „mit": Kalbsgeschnetzeltes *mit* Reis gab's da, Schweinebraten *mit* gem. Salat, Gulasch *mit* Nudeln und so weiter. Seltsamerweise nannte man aber das, was da mit dem Fleisch auf den Teller kam, trotzdem nicht etwa Mitlage, Mitgang oder Mittesserei – nein: Von *Bei*lagen sprach man da stets. Was zeigt,daß Logik auf Speisekarten noch nie groß geschrieben wurde.

Schon gar nicht mehr freilich heute: Wo man statt Beilagen längst von Anlagen sprechen müßte, denn jetzt gibt es zum Beispiel gegrillte Lachsschnitte *an* Pinienkern-Blattspinat. Oder getrüffelte Schweinenierchen *an* pikanten Kürbisspitzen. Wobei man sich wundert, daß man noch nirgends was von Würstchen *an* französischem Senf gelesen hat. Oder von Apfelkuchen *an* Schlagsahne. Denn der Pfiff ist ja: daß entgegen aller Logik immer das Wesentliche und Voluminösere an das weniger Wichtige dranhingeschrieben wird – niemals umgekehrt.

Aber die Anlagen sind auch schon nicht mehr das Gelbe vom Ei – jetzt kommen wohl die Unterlagen, denn immer häufiger wird nun sowas geboten: Rapunzeln mit Möhren und Pilzen *unter* Sauerrahm. Freilich gibt's auch schon genau das Gegenteil, nämlich heiße Himbeeren *über* Vanill'eis. Oder auch (Achtung, jetzt wird's vollens meschugge!) eine Portion Irgendwas *auf* einem Dialog von Safran-Gemüse und Tomaten-Knoblauch-Sauce. Was sich wohl diese beiden Bei- bzw. Unterlagen in ihrem Zwiegespräch Interessantes zu erzählen haben? Vielleicht dies: daß neuerdings auf Speisekarten sogar in „in" ist – zum Beispiel Putengeschnetzeltes *in* Egerling- Milchcreme. Oder Zanderfilets *in* Limettenbutter. Und wer weiß: Vielleicht wird man über kurz oder lang bzw. unter Umständen auch noch weitere Kochkünsteleien servieren. Etwa so: Pilzragout *um* Kartoffelklöße. Siroloin-Steak *neben* Baked potatoes. Paniertes Kotelett *bei* gemischtem Salat. Oder noch schöner Spargel *parallel* zu Prosciutto. Und was auch noch möglich wäre: Suppe *vor* Hauptgang. Und Nachtisch *hinter* selbigem – wo denn auch sonst? Wobei es sich da vielleicht *um* gedünstete Birnenspalten *mit* Schokocreme *unter* Mandelsplittern und *über* süßsaurem Millirahm *avec de* Zimtzucker handelt – und das alles *an* Biskuit (und freilich auch *auf* der Rechnung)!

Helmut Seitz

Bayerischer Sprach-Schabernack

gesammelt von Josef Fendl

Winterstrümpfe riechen im Wonnemond… (Winterstürme wichen dem Wonnemond)", hat dössell Deandl gsagt, wia der Lehrer nach einem Kunstlied gfragt hat.

„Es wird immer einfacher, kompliziert zu leben", hat dersell Lehrer gsagt, „– und immer komplizierter, einfach zu leben."

„Sie solltertn öfter zum Zahnarzt geh“, hat dersell Zahnarzt zum Patientn gsagt, „daß Sie net so oft zum Zahnarzt geh brauchn…!“

„Entweder sowohl als auch oder aber weder noch!“ hat dersell Deutsch-Lehrer gsagt, wia n die Gastgeberin gfragt hat, ob er den Tee mit Milch oder mit Zucker möcht.

„Herrenloses Damenfahrrad aufgefunden!“ hat dersell Polizist in sein Bericht gschriebn.

„Vom Asperagus zu den Astern“, hat dersell Gärtnersbua übersetzt, wia der Lateinlehrer gfragt hat, was „per aspera ad astra“ („über rauhe Pfade zum Licht“) hoaßt.

„Der Zahn der Zeit würde manche Wunde heilen“, hat dersell Lehrer gsagt, „wenn nicht irgendwelche Kamele den Mist aufwärmten und das Gras rupften, das darüber gewachsen ist…“ „Sie können das Kind unmöglich ‚Nelkenjosef‘ nennen“, hat dersell Standesbeamte an Vatern aufklärt. „Warum“, hat der gsagt, „‚Rosemarie‘ habn S doch letzts Jahr aa genehmigt…!“

„Habn S Eahna dös aa guat überlegt, Herr Grube?“ hat der Standesbeamte gfragt, wia dersell Vater seim Deandl den Vornamen ‚Claire‘ gebn wollt.

„Kaufe Trödel jeder Art!“ hat dersell inseriert, „verkaufe exquisite Antiquitäten!“

„Der Kuckuck!“ hat dersell Bua gsagt, wia der Lehrer nach einem Raubvogel gfragt hat. „Mei Papa hat erst gestern gsagt: ‚Der frißt uns no alle Möbel zsamm…!‘“

„Da san mir z vuj Fremdwörter drin vorkommen!" hat dersell gsagt, wia n oaner gfragt hat, warum er mit seim Französisch-Kurs so abrupt aufghört hat.

„Schöne Feiertag und a guats neus Jahr!" hat dersell gsagt, wia sei Bua unbedingt wissn wollt, was dös ‚Gloria in excelsis deo' über der Krippn af Deutsch hoaßt.

„Die Hausbar", hat dersell Lehrer gsagt, „ist die Kornkammer der Schnapsdrosseln!"

„Dös wird die neue Pizzeria sein…!" hat dersell zu seim Wei gsagt, wia der Schauspieler auf der Bühne am Schluß deklamiert hat: „Bei Philippi sehen wir uns wieder…!"

„No, a Glaserl voll könnt net schadn!" hat dersell gsagt, wia die Gastgeberin gfragt hat, was er zu einem bißchen Beethoven vor dem Essn sagert.

„Der Sommer waar wieder amoi vorbei", hat dersell Lehrer gsagt, „oder wie wir Lateiner sagen: ‚Summa summarum'." „Dös Arbeitsamt hoaßt bloß a so", hat dersell Lehrer gsagt, „es is a Amt wia jeds andere…!"

„Die Bäuerin saß am Bachrand und melkte die Kuh", hat dersell Bua im Aufsatz gschriebn, „im Wasser war es umgekehrt!"

„Da verlangt dich eine gewisse Anni Mirdame am Telefon…!" hat dössell Wei zu ihrm Mann gsagt.

„Die Kuh ist ein nützliches Tier", hat dersell Lehrer gsagt, „– was man nicht von jedem Rindvieh behaupten kann…!"

„Ißt mein Vater Zwiebelbrot, sind am nächsten Tag die Fliegen tot!"
hat dersell Bua gsagt, wia der Lehrer a Sprichwort hörn wollt.

„Dös hat er net von uns! Dös hat er sich selber ausdenkt!" hat diesell
Gastgeberin gsagt, wia ihr Papagei af oamal gschrian hat; „Leck mich
doch am Arsch…!"

„Billige Sofas setzen sich mehr und mehr durch!" hat dersell Möbel-
verkäufer bei der Kundenberatung gsagt.

„Zum König wurde man gekürt, zum Ritter geschlagen, zum Priester
geweiht", hat dersell Lehrer erzählt. „– und zum Beamten gestem-
pelt!" hat der Bua gsagt.

Schlechtes Vorbild

Sie macht es
wie der Mond,
kommt einfach nicht
zur Ruh,
kaum
nimmt sie ab,
schon nimmt
sie kräftig wieder
zu.

Hardy Scharf

Der Unterschied

Baby schreit,
Mutter stillt,
Baby still.

Baby schreit,
Mutter stillt,
Baby still.

Baby schreit,
Mutter stillt,
Baby still.

Mutter geht,
Vater kommt,
Baby schreit,
Vater schreit:
„Sei still!"

Baby schreit,
Vater schreit,
Mutter kommt,
Mutter stillt,
Baby still.

Vater geht.

Hardy Scharf

Deutscher Standpunkt

Ich bin
wie ich bin:
Die einen
kennen mich,
die andern
können mich.

Hardy Scharf

Mal dies, Mal das

Überall
ein Denkmal,

Es gibt auch
ein Fühlmal,
ein Riechmal,
ein Kostmal,
ein Hörmal,
ein Schaumal,
ein Spielmal.

Wo?
Überall.
Suchmal!

Hardy Scharf

Optimistischer Sechszeiler

Es stand ein Mann am Siegestor,
Der an ein Weib sein Herz verlor.

Schaut sich nach ihr die Augen aus,
In den Händen einen Blumenstrauß.

Zwar ist das nichts Besonderes.
Ich aber – ich bewunder es.

Erich Mühsam

Bäumihasibachiwassibumivogi

München – Starnberg.
Ich hatte mir glücklich einen Fensterplatz erobert, links, mit der Gewähr, einen Blick ins schöne Würmtal werfen zu dürfen. Visavis ein sympathischer alter Herr mit sichtlicher Befriedigung im ganzen Gesicht. Er lehnte sich bequem zurück und schmunzelte: „So, dees Platzl hättn mir. Jetz därf kema, wer mag."

Und siehe: augenblicklich kam eine Mutter mit einem Kinde von etlichen zweien Jahren und sprach voll Mutterliebe in ihrem Ton: „Gell, der Herr is schon so guat und laßt mein Bubi a bißl ans Fenster. Mei Bubi schaugt halt gar so gern naus. So, Herr… Fenstischaugibubifenstischaugi – gell, dees is aber a bravs Herrli?"

Das brave Herrli bin ich: was wär auch in diesem Fall anderes zu tun? Der sympathische alte Herr Visavis sieht mich wohlwollend an und murmelt ein beifälliges brav-brav – er hätte wohl auch nicht anders gehandelt. Aber – der Wurm bleibt halt mir.

„Bravibubifenstischaugihäusiwiesibäumihasirehibachiwassi – – – gell der Herr is schon so guat und gibt auf dees Kind a bißl Obacht?"

Hm.

Was bleibt mir wohl anders übrig: die Mutter setzt sich neben den alten Herrn und überläßt mir das Kind.

Der Zug fährt ab. „Feifi !" brüllt der Bub.

Feifi …? Ich sehe die Mutter ratlos an: was muß ich tun, wenn ein Kind feifi sagt? Ich spitze vorerst den Schnabel – „Nein", wehrt die Mutter ab: „Lokomotivifeifi !" Und behauptet augenblicklich: „So a kloans Kind, und kann schon so vül redn. Was kann Bubi sagi?"

„Gutiguti!"

„Ham S' es hört? Gutiguti – vielleicht ham S' a Guti in da Taschn? Net?? A Guti sollt halt oana allweil in da Taschn ham, wo d'Kinda a bißl gern hat…"

Hm. Der alte Herr regt mich langsam auf; er nickt wieder beifällig und straft mich ein wenig mit den Augen – warum aber hat er kein Guti in der Tasche?

Aber da lenkt mich der Bub wieder ab, weil er heftig strampeln muß. „Dees därf er schon, a bißl strampln; dees schadt nix. Brauchn S'n nur a bißl hebn…", so die Mutter. Und dann plaudert sie wieder munter mit dem Buben: „Bubifenstischaugibraviherrlihalti!"

Und das in einem Atemzug; Mütterlatein, unbeirrt von allen Sprachgesetzen und von allen Rücksichten auf Hörer, die das Gespräch etwa mitgenießen möchten.

„Bäumihasivogibumi. Ackiwiesifeldibachi. Mandiweibimedibubileutispazieri. Fliagivogisingi, Rehihasimäusikatzilaffi !"

Das heißt man eine elementare Ausnützung der deutschen Sprache. Schilderungsessenz voll Kraft des Inhalts. Und außerdem führten uns diese langen Redensarten aus dem Mütterlatein von Kilometer bis nach Planegg. Von hier weg mischte sich auch der alte Herr in die Sprache der Kindheit. Er beherrschte sie wie ein Gelehrter das Dreschen, fühlte sich aber glucklich dabei und lachte übers ganze Gesicht, wenn ihn der Bub verständnislos anstarrte.

Ich lachte nicht mit. Ich hatte noch dreizehn Kilometer Hasibachi-vogibumi vor mir und das Kind neben mir. Und schon war mein Arm etwas steif.

Aber vor Gauting ereignete sich das große Malheur, auf das ich nicht gefaßt war.

Es begann mit einem Gebrüll (das die Mutter zwang, mir drohend fragende Blicke zuzuwerfen) und endete mit einer Kleinen- Kinder-Tat. Man weiß ja…

Ich riß eilfertig den Buben auf und schwang ihn den Armen der Mutter zu, auf dem natürlichen Umweg über die Knie des sympathischen alten Herrn. Und sprang auf und rettete mich auf einen Stehplatz.

Der alte Herr auch.

„Das is doch unglaubli!" schrie er, und sein prächtiges Organ donnerte über das Brüllen des Buben hinweg. „Das is doch unglaubli!" Richtete aber seine anklagenden Augen auf mich und dachte nicht daran, Mutter und Kind zu tadeln.

„Unglaublich", sagte ich, „ist es nicht, aber peinlich."

„So?? Und frech, han??" (Er bohrte seine Augen in meinen Kopf.) Ich zuckte die Achseln und deutete auf die Mutter.

Das war unvorsichtig. „Sie – dees'mag ih, dees Deutn! Was ham denn Sie auf mich z'deutn?? Han??"

„Möcht ih auch wissn, was Sie auf mei Schwiegertochter z'deutn ham!" schrie der alte Herr, der mir bereits um vieles unsympathi-scher geworden war. „Nehma S' eahna fei a bißl zsamm!"

Schwiegertochter…

Schwiegertochter – Fensterplatz – Kind – Guti… Die Ereignisse gingen wirr an meinem Gedächtnis vorüber. Ich war nicht imstande, eine Antwort zu geben und erwachte aus meiner Betäubung erst, als der Schaffner in langen Lauten sang: Gau – ting! Gau – ting!

Ich sprang auf die Plattform, ich sprang auf den Perron. Dann eilte ich die Reihe der Wagen ab, um mir einen andern Platz zu suchen – aber der alte sympathische Herr brüllte aus dem Fenster: „Was Sie von meiner Schwiegertochter wolln, mecht ih wissn!!" Seine Stimme brauste über den Perron, und hundert Köpfe fuhren aus den Wagen, um mich und meine Schande zu sehen.

Ein gerissener alter Herr. Er sperrte mich aus der Gemeinschaft der anständigen Passagiere aus.

„Ham S' mih vielleicht net verstandn?? Na hilf ih eahna nach!"

Aber da rollte der Zug aus der Halle, und hundert Hälse streckten sich noch einmal nach mir. Und ein Bub heulte: „Gutiguti, feifi feifi ."

Ja, feifi. Pfeifendeckel. Ich ging zu Fuß weiter und lernte unterwegs das schöne Wort Bäumihasibachiwassibumivogi auswendig. Bäumihasibachizassibumivogi…

Und feifi .

Georg Queri

„Türkenweihnacht"

D rei Kameraden von der Mörtelzunft hocken schon seit Mittag beim Jagerwirt und lassen eine frische Halbe nach der anderen durch ihre in langen Berufsjahren durchtrainierten und abgehärteten Gurgeln rinnen. Heute war ihr letzter Arbeitstag vor den Weihnachtsfeiertagen, und sie lassen sich weder durch die – verdächtig norddeutsch klingenden – Durchsagen in Bayern 3, noch durch das ständige Zureden ihres vierten, unfreiwilligen Mithockers zum Heimfahren überreden.

Übrigens, unser vierter Mann heißt Gülüzar Özöksüz, aber die drei heißen ihn Schorsch. Das ist praktischer. Sie mögen ihn, den Özöksüz Schorsche aus Gümüshane in der hintersten Türkei. Der Schorsch, alias Gülüzar Özöksüz, gehört seit über fünf Jahren zu ihrer Partie, und deswegen gehört er zu ihnen, ist einer von ihnen. Rassenhaß ist unseren drei Oberlandlern unbekannt. Außerdem brauchen sie ihn, weil man halt zum Schafkopfen vier Mann braucht, und für was haben sie es ihm in monatelanger harter Lehrtätigkeit mühsam beigebracht?!

Seit über vier Stunden spielen sie jetzt schon Schafkopf, und es schaut auch noch gar nicht danach aus, als würden sie so bald damit aufhören.

„Du bist Erster, Toni, was hört ma?", ruft der Wascht dem Toni zu. „I hob an Weida", sagt der a bisserl zwider. „Da Türk' moan i, hat wieda de ganz Pratz voi Trümpf!"

Der Özöksüz Schorsch ist der einzig Nüchterne in dieser Runde. Er bleibt ruhig und gelassen, auch wenn seine drei Spezln plärren wie die Jochgeier und die Karten auf den Tisch dreschen, daß die Finger krachen.

„Ich noch einmal spielen mit die Kugel, wann recht ist, dann fahren heim." Er sagt das ganz ruhig aber bestimmt, und da wissen die anderen, daß dann nichts mehr geht.

Jeder von den dreien hat einen Haufen Striche auf seinem Bierfilzl stehen und demzufolge auch eine Riesenlack' des edlen und bestens gepflegten Gerstensaftes im Bauch, was wiederum eine gewisse Blutleere im Gehirn zur Folge hat.

Der Kamerad Gastarbeiter hat das schon längst erkannt und steigt deshalb auch nicht in den fast zugeschneiten Kombi des Müller Wascht ein, sondern nimmt sich lieber das Mofa vom Jagerwirt zu leihen, weil er da sicher ist, gesund heim zu kommen zu seiner Reyhan, zu seinen vier Buben und den zwei Dirndln, die allesamt fast perfekt boarisch reden.

„Halt! Steh' bleim, da bleim!" schreit ihm der Toni nach. „Da, i schenk' Dir mein' Christbaam, daß d aa r amoi woaßt, was Weihnachtn is, du Knofefresser!"

Er meint das nicht bös. Er nennt ihn immer Knofefressa, wenn er ein paar Halbe zu viel hat und der Özöksüz Schorsch weiß das auch, und er weiß auch, daß man ein Geschenk vom Toni nicht ausschlagen darf, weil der sonst so zwider wird, daß ihn keiner mehr aushalten kann. Deshalb zwickt er sich den Fichtenstarfen auf den Gepäckträger und fährt vorsichtig aus dem Hof auf die von Bayern 3 vorausgesagte spiegelglatte Fahrbahn. Er fährt so langsam, daß man leicht danebenherlaufen könnte.

So ist er noch keinen halben Kilometer dahingezockelt, da kommt von hinten der Kombi mit den drei angedudelten Maurern daher. Der Lenz hat das Lenkradl mit seinen Riesenpratzen krampfhaft fest umklammert und stiert mit seinen weit aufgerissenen Batzlaugen auf die schneeglatte Straße, auf der er schemenhaft die Umrisse des Türken-Schorsche auf dem Mofa wahrnimmt.

Langsam nähert er sich dem Zweiradler und setzt so gut es geht zum Überholen an, als der Toni neben ihm einen markerschütternden Aufschrei tut:

„An Schorsch hast z'sammagfahrn, du bsuffans Wagscheitl! Mir brauchan an Sanka!" Die drei stürzen aus dem Kombi, und schon haut es ihnen auf der spiegelglatten Straße die Läufe hinaus, daß sie alle gestreckterlängs auf dem eisigen Boden liegen. Der Özöksüz Gülüzar aber krabbelt unversehrt aus dem Straßengraben herauf, betastet vorsichtig sein Gestell, um zu prüfen, ob noch alles in Ordnung ist und steigt wieder auf sein Mofa. Dem Lenz fällt ein Felsbrocken vom Herzen, weil sein Turkenspezl noch lebt. Jetzt will er aber nicht mehr fahren, und deshalb muß der Toni die Steuerung des Gefährts übernehmen. Vorsichtig und angestrengt nach vorne spähend fährt er mit leicht zittrigen Händen hinter dem Gülüzar her.

„Warum fahrst denn net vüre, du Loamsiada du!?", masselt der Wascht. Einen Loamsiada läßt sich der Toni noch lange nicht heißen, und deshalb setzt er – vielleicht ein bisserl zu flott – zum Überholen an, kommt dabei leicht ins Schleudern, erwischt den Schorsche an dem Trumm Christbaumstarfen, der gut einen Meter links vom Gepäckträger heraussteht und reißt ihn brutal auf die bucklige Landstraße.

Niemand traut sich aus dem Kombi. War es nicht ein Zeichen von oben, dieser erste Unfall kurz vorher? Und jetzt dieses schreckliche Ende, und das kurz vor Weihnachten! In Gedanken sehen sie, wie seine Reyhan daheim mit den Kindern in der kleinen Stube sitzt und auf ihn wartet. Die großen schwarzen Augen der Kinder sind fragend und anklagend auf sie gerichtet. Irgendeiner muß ihr die schreckliche Botschaft überbringen. Alle drei haben es gesehen, wie es ihn erwischt hat. Da gibt es keine Hilfe mehr. Der Schorsche liegt starr und bewegungslos im Straßengraben, das haben sie genau gesehen, und jetzt traut sich keiner mehr hinzuschauen. Stumpfsinnig stieren sie vor sich hin, und in ihren Köpfen dreht sich alles wild im Kreis. Das mag hauptsächlich von dem übermäßigen Bierkonsum kommen, aber doch ganz besonders von den Vorstellungen der Folgen dieses Unglücks. Einer stammelt tonlos das Wort „Zuchthaus" und läßt resigniert sein brummendes Haupt auf die Brust sinken. Alles ist unheimlich still in dem Kombi. Plötzlich fahren sie erschrocken auf, als es leise an das Seitenfenster klopft. Die Beifahrertüre wird von außen aufgemacht und draußen steht wie ein Gespenst, schneeweiß und mit wild zerfahrenen Haaren der Özöksüz Gülüzar.

Keiner bringt auch nur ein Sterbenswörterl über die Lippen. Da nimmt sich der Toni ein Herz und fragt zaghaft und leise „Schorsch, bist a's du?"

Der Schorsch ist es leibhaftig, und er sagt mit leiser aber fester Stimme: „Ich nix mehr zuerst fahren. Jetzt du vorausfahren, ich sonst noch ganz kaputt!"

Die Drei waren auf einen Schlag nüchtern, und sie haben sich noch nie so auf Weihnachten gefreut wie gerade jetzt. Noch im Kombi geloben sie, den Schorsche nie mehr dazu überreden zu wollen, ein Schweinernes zu essen oder mit ihnen Bier zu trinken. Ganz im Gegenteil: Sie haben ihm miteinander einen Viertelzentner Hammelfleisch auf Neujahr gekauft und mit ihm und seiner Familie einen außerplanmäßigen Geburtstag gefeiert. Seitdem sind sie noch bessere Spezln geworden.

Der Schorsche aber hat sich selbst feierlich gelobt, nie mehr mit einem Mofa vor dem Kombi seiner Arbeitskameraden herzufahren und vor allem nie mehr mit einem Christbaum auf dem Gepäckträger.

Beim Barte des Propheten: Da sieht man wieder einmal, wie gefährlich die Bräuche der ungläubigen Oberlandler sind.

„Allah il Allah akubar, ich nix mehr Christbaum und nix mehr Jagerwirt!"

Gustl Bauer

146

Heiligomd

Sechzehn Uhr

Da Vadda schlaft im
Untahemad auf da Wohnzimmacouch.

Dee drei Kinda spuin
im Kindazimmer „Activity".

D Muadda würzt
in da Küch d Weihnachtsgans
und singt „Jingle bells".

Da Dackl sitzt im Gang
vor da Tür und müaßat naus.
Am Balkon steht a
nackate Nordmanntanna.

Siebzehn Uhr

Da Vadda hod ausgschlaffa,
schenkt se a Weißbier ei
und schaugt ganz lang
sein Feind, dee Nordmanntanna o.
D Kinda streitn.
D Muadda schiabt' Gans in Ofa nei,
summt „I'm dreaming of a White Chistmas".

Da Dackl klemmt an
Schwanz zwischn de Hintahaxn.

Achtzehn Uhr

Da Christbaum steht.
Da Vadda vapflastat an rechtn Dauma.
D Muadda fotzt de Kinda
auf de gräane Wiesn vorm Haus.

Gansduft schleicht aus da Küch.
D Muadda geht duschn.

Da Dackl winslt aus
da Besnkamma.
Da Vadda schenkt se a Weißbier ei.
D Oma ruaft o. Koana geht hi.

Achtzehn Uhr fünfzehn

Da Vadda grantlt Elektrokerzn
und Christbaumkugln an de
Nordmanntanna hi.
D Muadda tipplt im Bademantl
umanand und moant, daß
da Baum schiaf steh daad.

Da Vadda vadraht d Augn
und da Dackl in da Besnkamma aa.
D Kinda stenga voa Dreeg.
Da Große kriagt vom Vadda
an antiautoritärn Anschiß
und gibtn mit am Tritt an
seine kloana Brüada weida.
Da Vadda plaziert ois
ehemaliger 68er
den Christbaum links vom Fernseher.

Achtzehn Uhr dreißig

Da Vadda wui se net rasiern.
D Muadda findt koa Kleidl.
D Kinda plärrn zu dritt
im Bodwandl,
da Dackl in da Besnkamma.
Gansduft schleicht aus
da Küch.

D Muadda richt im Bademantl
d Weihnachtspackln unta den
schiafn Christbaum.
Da Vadda hod Durst.

Achtzehn Uhr fünfundvierzig

Da Dackl springt an d Besnkammatür.
Da Radio spuit „O Tannenbaum".
Da Vadda hockt unrasiert
im Untahemad im Gansbratnduft.
D Kinda valanga nach dee Gschenka.
D Muadda wünscht se an andan Mo.

Neunzehn Uhr

D Muadda hod a Kleidl gfundn,
da Vadda sei oids Anglahemad,
im Radio spuit „Oh du fröhliche…".
D Muadda leit a Glöckerl.
Drei Buam stürma ins Wohnzimma.
Da Dackl werd erlöst und stürmt aa,
daspecht an Christbaum
und brunzt n o.

Gansbratnduft liegt af am
friedlichen Weihnachtsfest im
siebten Stock von am Münchner Hochhaus.

P. S. De Gans gibt's erst am 1. Weihnachtsfeierdog.

Helmut Eckl

In der U-Bahn

An der Dietlindenstraße in Schwabing steigt ein Herr in die U-Bahn, Linie 6, Richtung Marienplatz. Groß, gutaussehend, elegant gekleidet Er trägt einen schwarzen Tuchmantel, ausgezeichnete Ware. Dazu einen weißen Wollschal, unter dem ein ebenso makelloses, weißes Hemd und eine dunkelgraue Krawatte zu sehen sind. Der Herr dürfte so um die Fünfzig sein. Dicht hinter ihm folgt eine attraktive, circa fünfundzwanzigjährige, langhaarige Blondine. Tochter? Sekretärin? Freundin? Schwer zu schätzen. Er hält in der linken Hand, an der ein Einkaräter funkelt, einen schweinsledernen Aktenkoffer. Am Arm baumelt ein schwarzer Stockschirm. Obwohl der Wagen brechend voll ist, bringt er es fertig, bereits beim Abfahren mit der rechten Hand eine Zeitung aus seiner Mantel-Innentasche zu ziehen und sich stehend darin zu vertiefen. Ab und zu blickt er in das Zugfenster, in dem man sich gut sehen kann, und korrigiert mit der Zeitung seine Frisur. Als ich ihn dabei betrachte, fällt mir etwas auf. Er trägt offenbar eine Perücke. Er wendet sich seiner Begleiterin zu und führt mit ihr einen kurzen Dialog. Auf englisch.

Wie er sich gerade wieder im Abteilfenster betrachtet – wir sind inzwischen an der Münchner Freiheit angekommen –, spricht ihn ein wohlbeleibter Herr, Mitte Sechzig, im Lodenanzug, mit Glatze und einem dichten Schnauzbart, in reinrassigem Münchner Dialekt an:

„Gell, Herr Nachbar, des is a Perucka, was Sie da aufham? Steht Eahne net schlecht. Obwohl! Spanna tuat ma 's fei scho. Oiso, i hab 's glei kennt. Wissen S', mei Zenzi moant aa oiwei, i soll mia so a Peruckn macha lassen. Aber ehrlich gsagt: Mia is des Gschäft a weng z' teier. Was moana S', wiavui Maßen daß i um des Geld kaaffa ko? Was hat jetzt de Eahna so beiläufig kost? Tat mi wirklich intressiern! Da glaab i, is a schöns Gerschtl draufganga."

Der Perückenträger ist kein Bayer. Wahrscheinlich ist er Engländer oder Amerikaner. Auch wenn er der deutschen Sprache einigermaßen mächtig wäre, hätte er von dem Randsteindialekt des Münchners kaum etwas mitbekommen. Aber dann muß er es doch verstanden haben, weil das Münchner Original nämlich immer wieder mit dem Zeigefinger auf seine Haarpracht deutet und weiter drauflosredet: „Und glänzen tean s'! Wia echte! Möchst es ja net glaubn, was ma heitzutag alls macha ko. Oiso, an Hierlinger Xare de seine is lang net so schee. No ja, werd a net so teier gwen sei. Naa, i muaß scho sagn: Wunderbare Haar!" Das war das Stichwort. Haar, auf englisch: hair! Er mußte es mitgekriegt haben, denn er wendet sich seiner Begleitung zu, die anscheinend die Rede richtig interpretiert hatte, denn sie errötete bis in die Haarwurzeln. Aha, denke ich mir, vielleicht ist sie eine Münchnerin und als Dolmetscherin unterwegs. Der Münchner merkt natürlich überhaupt nicht, wie peinlich die Situation für den Fremden und insbesondere für die junge Dame ist. Er will diesen Perückenträger ja gar nicht beleidigen oder provozieren. Er möchte in seiner Naivität doch nur einen Ratsch über ein besseres Aussehen, möchte die Anschaffung einer Perücke, die er doch vielleicht noch in Erwägung ziehen will, mit einem Kenner erörtern.

Die anderen Fahrgäste, die das Gespräch mitgehört haben, amüsieren sich köstlich, wie ich ihren Mienen entnehmen kann. Man sieht es ihnen an, sie lachen in sich hinein. Keiner unterbricht den gesprächigen Mitfahrer, mischt sich in dessen Fragen und Ausführungen oder lacht gar laut. Nein! Er kann seine Gedanken weiter ungehindert in den Raum stellen. Und außerdem: Es sind auch nicht allzuviele, die seine Worte verstanden haben.

Er läßt nicht locker. Er möchte noch mehr wissen: „Sie, Herr, wo ham jetzt Sie de Perucka kaafft? Vielleicht, daß i mir doch no oane zualeg. Mei Weibi taat schaugn, wenn i auf amoi mit oana okaamat. Ham S' de bei uns da oder glei gar im Ausland ofertigen lassen? Is a schwierige Arbat, so a Trumm zum knüpfa. I glaab, daß ma tausad und abertausad Stich und Knöpf macha muaß. Da gänga Stunden dro! Des is a Fieselarbat, a ganz a diffizile!"

Inzwischen haben wir den Odeonsplatz erreicht. Der Perückenträger hat sich bereits seit der U-Bahn-Station Universität von dem gesprächigen Münchner abgewandt und schaut starr zur Türe. Er steigt mit seiner Begleiterin, die ihn voller Anteilnahme betrachtet, aus. Als die beiden den Augen des rüstigen, neugierigen Mittsechzigers entschwunden sind, sieht sich dieser veranlaßt, an die umstehenden Mitfahrenden noch ein paar aufklärende Worte zu richten. Er macht einen leicht beleidigten Eindruck und sagt: „Oiso, des hätt er mir doch scho sagn könna, wo er de Perückn kaafft hat. Da unterhält ma sich mit de Leit, damit s' sehng, daß ma an eahna Intresse hat, na gebn s' net amoi a Antwort. Aber i hätt ma 's ja glei denka könna. Der war von Haus aus scho so vornehm. Der führt freili koa Gspräch mit so am platterten Semmegeist, wia i oana bin. Jetzt kaaff i mir erst recht koa so a teire Perucka, sondern heit no an Trachtenhuat mit am bärigen Gamsbart. Na siecht ma mei Plattn aa net."

Spricht's, steigt am Sendlinger-Tor-Platz aus der U-Bahn und läßt mich für alle Zeiten mit der quälenden Frage zurück, wie er wohl mit einer Perücke aussehen würde.

Josef Steidle

Deutschunterricht

Nicht für die Schule
lernen wir,
wir lernen
für's Leben.
Deswegen
die vielen
Diktate.

Hardy Scharf

Familienfoto

Stehend der Gatte,
sitzend vor ihm
die liebende Gattin,
auf ihrem Schoße
umkost und verwöhnt,
im neuesten Pulli,
Senta, ihr Pudel.

Hardy Scharf

Wartesaal

Als nach einundzwanzig
langen Minuten
immer noch
kein Ober
kam,
war ich bedient.

Hardy Scharf

Ruhtine

Er macht
seine
Arbeit
im Schlaf.

Hardy Scharf

Die Kaffeefahrt

Frau Nützel wohnt ganz allein in ihrer Altbauwohnung. Zu ihren Kindern hat sie seit ihrem siebzigsten Geburtstag keinen Kontakt mehr. Sie verläßt das Haus nur sehr selten, und dann nur, um in den Geschäften in ihrer unmittelbaren Nachbarschaft einzukaufen. Dort ist sie nicht gerade beliebt, weil sie die Preise immer mit denen vor dem Krieg vergleicht. Was in der Welt vorgeht, erfährt sie aus dem Fernsehen und den Reklameblättern aus ihrem Briefkasten, die sie von A bis Z durchliest. Immer wenn eine Teilnehmerkarte für eine Kaffeefahrt dabei ist, freut sie sich. Diesmal sorgt Gerhard Wendland, von dem sie den Schlager „Das machen nur die Beine von Dolores" kennt, für das musikalische Rahmenprogramm. Außerdem sind im Fahrpreis noch 20 frische Eier, 250 Gramm deutsche Markenbutter, ein Glas echter Bienenhonig, 500 Gramm Knabbergebäck und eine Tafel Markenschokolade inbegriffen. Als sie in den Bus steigt, ist er bereits zur Hälfte mit Gleichaltrigen besetzt. Sie setzt sich neben eine ältere Dame. Der Bus fährt los. Frau Nützel möchte gerne mit ihr ins Gespräch kommen. Sie hat einen Satz, mit dem es immer klappt. „Joo, joo", sagt sie und stößt einen tiefen Stoßseufzer aus, „es is halt

allers nimmer su wäi fräiher." Ihre Nach- barin antwortet prompt.
Ein Wort gibt das andere: „Joo, joo, dou hamms reecht. Die Lait
wissn ja nimmer, wos tou solln." Frau Nützel hat sofort eine Erklärung dafür bereit: „Weils innern zu gout gäiht. Uns is ned so gout gan-
ger. Wenn däi des durchmachn mäißertn, wos mir allers durchg-
macht hamm, nou wissertns, wos tou solln." Da kann die Nachbarin
natürlich sofort nachhaken:
„Und weils ned wissn, wos tou solln, gängers einfach aff die Straß
und bringer die Lait um. Des houts fräiher ned gehm, daß suviel Lait
umbracht worrn senn." Nun ist das Eis endgültig gebrochen. Die beiden Damen haben keine Augen mehr für die Landschaft, die draußen
vorbeizieht. „Und wissens, wouher des kummt, daß suviel Mörder
gibt", sagt Frau Nützel, „weils däi ganze Wohr etz aa scho in Fernsä-
ing zeing." „Suwos ghörert verboten", kontert ihre Nachbarin, „dou
mäißterns inn ganzn Tooch blouß schäine Wohr zeing." Wieder ist
Frau Nützel am Zug. Sie braucht bloß die Frage aufzuwerfen: „Wou
gibts denn haitzertooch überhapts nu ä schäiner Wohr?", und schon
haben sich die beiden Damen in ihrer pessimistischen Grundeinstel-
lung, was das Heute anbelangt, bestätigt: „Sie derfn anns ned ver-
gessn: Hait ist ned gestern." Sie merken gar nicht, daß der Bus schon
an seinem Bestimmungsort in der Fränkischen Schweiz angelangt
ist. Es bleibt ihnen gar nichts anderes übrig, als auszusteigen.

Beim Mittagessen sitzen sie nicht nebeneinander. Frau Nützel muß
mit einem älteren Herrn vorliebnehmen. Wieder stößt sie ihren
Stoßseufzer aus: „Joo, joo, des is halt allers nimmer su wäi fräiher."
Ihr Nachbar ißt noch ganz schnell seinen Bissen hinunter: „Dou
hamms reecht. Solche Knidler houts fräiher ned gehm. Dou senn ja
ned ämall richtiche Semmelbröserler drin." Jetzt ist Frau Nützel
sprichwörtlich „am Ball": „Fräiher wohrn die Knidler su groß wäier
Foußboll, und hait senns su grouß wäi Taubmeier." Wieder kann sich
das Gespräch im Kreis drehen. Die Vergangenheit wird gegen die Gegenwart ausgespielt, das Thema „Knidler" ist mindestens genauso
abendfüllend wie das Thema „Mord".

Beim Kaffeetrinken sitzt Frau Nützel wieder neben einer älteren Dame. Über eine Stunde lang ist sie zum Schweigen verurteilt. Jetzt findet nämlich die im Programm so ganz nebenbei angekündigte Verkaufsveranstaltung für Heizdecken statt. Anschließend besingt Gerhard Wendland „die Beine der Dolores". Es folgt langanhaltender Beifall. Endlich kann Frau Nützel, wieder mit einem Stoßseufzer, ihren Köder auswerfen.

„Joo, joo, es is halt alles nimmers su wäi fräiher." Die Antwort kommt prompt: „Maaner Sie den Gerhard Wendland odder die Heizdeckn?" Das Gespräch kann beginnen. Das Themenangebot wird immer größer. Auf „Mord" und „Knidler" folgt der „Gesang".

Mit 20 frischen Eiern, 250 Gramm deutscher Markenbutter, 1 Glas echtem Bienenhonig, 500 Gramm Knabbergebäck und 1 Tafel Markenschokolade tritt Frau Nützel die Heimfahrt an. Im Bus sitzt sie neben einer älteren Dame. Die Dame, mit der sie so schön über „Mord" geplaudert hat, sitzt vis-à-vis neben einem älteren Herrn. Worüber die wohl reden mögen? Frau Nützel stößt ein letztes Mal ihren Stoßseufzer aus: „Joo, joo, es is halt allers nimmer su wäi fräiher." Sie ist schon gespannt, welchen Verlauf das Gespräch diesmal nehmen wird. Sie wartet einen Augenblick und wiederholt ihren Stoßseufzer, um ihm mehr Nachdruck zu verleihen. Jetzt kommt endlich eine Antwort: „Hörns mer blouß mit fräiher auf! Iich kann des Wort scho gohr nimmer hörn. Iich leb hait."

Frau Nützel bleibt während der ganzen Fahrt bis nach Nürnberg stumm, so schwer es ihr auch fällt. Sie beschließt, nie wieder auf eine Kaffeefahrt mitzufahren.

Fitzgerald Kusz

De dritten Zähn

Jetzt hab i endlich meine Drittn Zähn!
Dös is vielleicht a Gaude gwe'n!
Dös Spritzen, Schleifa, Bohrn, Poliern,
dös ziahgt und sticht und spürst im Hirn.
Doch schö san 's wor'n und guat schaun'gs aus.
Zwar is mei ganzes Gerschdl drauß,
doch kon i endlich wieder lacha
und s'Mäu beim Singa weit aufmacha.
Ganz fesch bin i wieder beinand.
Jetzt – wenn i aa no beißen kaantt!

Josef Steidle

Nebenwirkungen

Der Arzt verschrieb der Patientin ein Mittel gegen Kopfschmerzen, worauf ihre Knie schlotterten.

Da verschrieb ihr der Arzt ein Mittel gegen schlotternde Knie, worauf ihre Finger steif wurden.

Da verschrieb ihr der Arzt ein Mittel gegen steife Finger, worauf sie Nackenschweiß bekam.

Da verschrieb ihr der Arzt ein Mittel gegen Nackenschweiß, worauf sie unter starkem Sodbrennen litt.

Da verschrieb ihr der Arzt ein Mittel gegen starkes Sodbrennen, worauf ihr der Magen schrumpfte.

Da verschrieb ihr der Arzt ein Mittel gegen schrumpfenden Magen, worauf sich wahnsinnige Ängste einstellten.

Da verschrieb ihr der Arzt ein Mittel gegen wahnsinnige Ängste, worauf die Frau übermütig wurde und dem Arzt stante pede links und rechts eine Ohrfeige verabreichte.

Da bekam der Arzt heftige Kopfschmerzen, holte das übliche Mittelchen aus dem Schrank und – warf es in den Papierkorb.

Dann lud er die Frau zum Essen ein.

Hardy Scharf

Sterben

Fahr halt net mit deinem Sündenpackl hinüber!" sagt die Bäurin. „Und net mit deinem Zorn und mit der Schlechtigkeit!"

Und die alt Basen: „Reu und Leid tun not zum christlichen Tod!"

„Gut", sagt der Zantner (und wird schon schwach), „und wann's schon schiefgeht und geht dahin, so holt's mir den Gschwendtner und den Bachschmied."

„Aha", sagt die Zantnerin, „er will die alt Feindschaft net in die Ewigkeit mitnehmen." Und lauft gschwind wie ein Wieserl zum Gschwendtner.

„Aha", sagt die alt Basen, „besser vorm Tod bereun als wie im Feuer schrein. Und der alt Zorn ist in der Ewigkeit ein Dorn." Und zwazelt an ihrem Gehstecken zum Bachschmied.

Und so kommt also der Gschwendtner und kommt der Bachschmied. Und haben den alten Zorn gegen den Zantner daheimge-
lassen und machen christliche Gsichter, wie's der Brauch is, wenn
man zu den sterbenden Leuten geht, und tun recht wehleidig und sagen zum Trost: „Jetzt wirst halt abkratzen müssen!"

„Ja", sagt der Zantner, „der Sparifankerl hat's Platzl schon herg-
richt. Und ich sterb völlig leicht, weil ich euch dahab. Stellt's euch
nur schön hin – einer linker Hand und einer rechter Hand – unser
Herrgott is auch zwischen zwei Spitzbuben gstorben!"

Und dreht sich auf die Seiten, der Zantner, und stirbt so lustig, wie
er glebt hat.

Georg Queri

Die denkwürdige Beerdigung des Xaver Zitzelsberger

Obwohl der Ort Freundorf kein besonders großes dörfliches Ge-
meinwesen darstellt, entfaltet in ihm doch eine stattliche Reihe
von Vereinen seine segensreiche Tätigkeit, und sei es nur, um die
Existenzberechtigung eines Wirtshauses unter Beweis zu stellen, was
ja in der heutigen Zeit auch schon einen gewissen kulturellen Wert
an sich darstellt. Da läßt es sich denken, daß jedes gestandene Freundorfer Mannerleut gleich in mehreren Vereinen Mitglied ist, so wie
auch der vor einigen Tagen auf dem Heimweg von eben diesem
Wirtshaus auf tragische Weise ums Leben gekommene Xaver Zitzelsberger. Der wackere Mann war – um es kurz zu sagen – in seinem
übermäßig angeheiterten Zustand in einer Froschlacke ertrunken.

Weil aber andererseits – wie man immer wieder lesen und hören kann – heute nur mehr schwer Leute zu finden sind, die bereit sind, sich für das Amt eines Vorsitzenden oder eines Ersten Vorstands zur Verfügung zu stellen und auch sonst ehrenamtliche Tätigkeiten – sogar ohne die fragwürdige Rechtschreibreform – immer kleiner geschrieben werden, kam es, daß der Wintermeier Sepp gleich in vier Freundorfer Vereinen das verantwortungsvolle Amt des Ersten Vorstands ausübte: beim Obst- und Gartenbauverein, beim Kriegerund Reservistenverein, beim Schützenverein ‚Tell‘ und bei der Freiwilligen Feuerwehr. Nur gut, daß sich sein ihm angetrautes Eheweib, selber Erste Vorsitzende des Katholischen Frauenbundes sowie des Vereins der Freundorfer Verserlschreiberinnen, nebenbei auch noch als gefragte Ghostwriterin ihres Mannes betätigte – eine dankenswerte Aufgabe, die man nicht hoch genug einschätzen konnte.

Bei der Beerdigung des schon genannten Xaver Zitzelsberger gab es zunächst eine kleine Verzögerung, weil man in der ausgehobenen Grube den schlafenden Totengräber Sebastian Hasenöhrl entdeckte, der während seiner anstrengenden Arbeit ein bißchen zu viel über den Durst getrunken hatte und dann an seinem Arbeitsplatz eingeschlafen war. Nachdem die alte Rauschkugel von einigen beherzten Männern aus dem Grab gezogen worden war und der Herr Pfarrer seines geistlichen Amtes gewaltet hatte, trat der Wintermeier Sepp zunächst als Vorsitzender des Obst- und Gartenbauvereins in Zivilkleidung auf und hielt eine beachtenswerte Ansprache, die in dem Wunsch gipfelte: „... möge ihm der himmlische Gärtner auch drüben im Garten Eden, wo nach den Worten der Bibel Milch und Honig fließen, ein ähnlich verantwortungsvolles Amt übertragen, wie er es auch bei uns in Gestalt des Obstwartes und Verwalter unseres nicht unansehnlichen Gerätebestandes erreicht hat...“ Kaum hatte der Sepp als letzten Gruß seiner Vereinskameraden einen Kranz am offenen Grab niedergelegt, verschwand er auch schon hinter einem der benachbarten Grabsteine, um gleich darauf – jetzt eingekleidet in die grüne Jacke des Schützenvereins – ein zweites Mal als Erster Vorstand auf der Bildfläche zu erscheinen und seine nächste Rede zu halten: „… Wir geleiten heute einen wackeren Schützenbruder zur letzten Ruhe, der stets mannhaft und unerschrocken wie unser geistiger Vorfahre Wilhelm Tell den Kopf vom Apfel seine Buben schoß…" Da flüsterte ihm der Zweite Vorstand des Vereins zu: „Umgekehrt, umgekehrt…!" Auf diesen unerwarteten Einwurf hin geriet der Wintermeier zum ersten Mal aus dem Konzept, um sich nach einer kurzen Orientierungspause zu verbessern: „… der sogar umgekehrt den Apfel vom Baume seines Buben schoß…!" Weil jetzt die Unruhe merklich größer wurde und sich auch der Pfarrer ein Schmunzeln nicht verkneifen konnte, verbesserte sich der Redner – nun vollends irritiert – zum zweiten Mal: „… der den Sohn vom Kopfe seines Apfels schoß…"

Nach der obligatorischen Niederlegung eines letzten Grußes für den Schützenbruder verschloff sich der Sepp wie ein aufgescheuchtes Huhn hinter den schon erwähnten Grabstein und tauschte seine grüne Schützenkluft gegen die blaue Jacke des Kommandanten der Freiwilligen Feuerwehr aus, erwischte allerdings in der Aufregung fälschlicherweise das Redemanuskript vom Krieger- und Reservistenverein: „… möge unser Kamerad auch drüben im Jenseits so viele gemütliche Stunden erleben wie hier im Kreise seiner Vereinskameraden. Unser Xaver war immer als erster zur Stelle, wenn es galt, den von langer Hand geplanten Termin wahrzunehmen. Seine erheiternden Beiträge waren das Salz in der Suppe unserer Zusammenkünfte…" Da merkte der Wintermeier plötzlich, daß er einen falschen Verein repräsentierte und Uniform und Ansprache nicht zusammenpaßten. Krampfhaft suchte er nach dem richtigen Manuskript, fand es aber weder in der linken noch in der rechten Jackentasche. Daraufhin verschwand der Sepp aufs neue hinter den Grabsteinen.

An dieser Stelle trat gleich einer ganzen Heerschar rettender Engel der Gesangsverein „Waldeslust" Freundorf e.V. auf den Plan und brachte der Trauerversammlung das zu Herzen gehende Lied „s ist Feierombd" zu Gehör. Die Vereinsvorstände standen in Habt-Acht Stellung, die Frauen wischten sich die eine oder andere Träne aus den Augen, der Herr Pfarrer sprach ein letztes Gebet, die Blaskapelle intonierte noch das Lied vom guten Kameraden, worauf sich die Vereine zum Marsch ins oben vorgestellte Wirtshaus formierten, um die Beerdigung des Xaver Zitzelsberger bei einem standesgemäßen Leichentrunk zu einem würdigen und angemessenen Abschluß zu bringen. Voraus marschierte der vierfache Erste Vorstand Josef Wintermeier, hintennach torkelte – in gebührendem Abstand – der wiederauferstandene Totengräber Sebastian Hasenöhrl.

Josef Fendl

Im Falle der Wiedergeburt

Wenns du dro glaabst, daß d' wiederkimmst
na is 's dös Gscheiteste, du nimmst
an Bogn Papier und sitzt di hi
und schreibst dei Testament auf di.
Brauchst di, wenns d' wieder da bist
nimmer aso schinden.
Bloß oans merk dir: Dei Testament
muaßt wiederfinden.

Josef Steidle

Wenn i wieda…

Wenn i wieda
auf d Welt kimm,
wer i anders
wia i war.

Denn wenn i
dees gleiche
werdn woit
was i war,
hätt i glei
bleibn kenna,
was i gwen bin.
Vielleicht hätt i
na doch no
dees werdn kenna,
dees wo i oiwei
werdn hätt woin
und doch
nia wordn bin,
weil i so
gwen bin
wia i war!

Werner Schlierf

Mief oder Muff

Früher hab' ich's gewußt,
heute jedoch kenn' ich
mich nicht mehr aus:
Wenn man lüftet
strömt dann die
gute Luft
rein oder
raus?

Hardy Scharf

Bairisch stirbt aus

Jetzt sind sich die Forscher einig und haben endgültig festgestellt: Bayerisch stirbt aus. Unsere Muttersprache! Einfach weg.

Wie es genau funktioniert, ist nicht dabei gestanden. Ich nehme an, dass alle die, die jetzt noch ein paar Brocken Bayerisch sprechen, erst sterben müssen, bevor das Bayerische ausstirbt. Vielleicht werden sie auch umgebracht, damit sie mit niemandem mehr sprechen, der sich dann vielleicht ein paar Worte merken könnte. Dahinter steckt sicher ein Geheimplan, von dem niemand wissen darf, um eine Panik in Bayern zu vermeiden. Aber wer steckt hinter der geheimnisvollen Macht, die will, dass kein Bairisch mehr gesprochen wird? Berliner? Intellektuelle? Fußballtrainer?

Die Version für die Öffentlichkeit ist, dass die Kinder schuld sind, weil sie kein Bayerisch mehr sprechen. Und es heißt: nur noch 6500 Sprachen gibt es heute. In Bayern!

Nein, natürlich auf der ganzen Welt. Aber in hundert Jahren sind neunzig Prozent davon weg. In hundert Jahren sind die Kinder natürlich auch zu mindestens neunzig Prozent weg, so die Forscher.

Und die Dunkelziffer ist höher.

Aber rein wissenschaftlich gesehen, muss man sich auch fragen dürfen: ist das schlimm? Auf der Erde stirbt halt immer wieder mal was aus: die Dinosaurier, der wilde Kormoran, hellblaue Johannisbeeren.

Aber ist das w i r k l i c h schlimm?

Ich persönlich kann gut damit leben, dass heute kein Brontosaurus neben mir im Bus sitzt, wenn ich in die Arbeit fahre. Oder die gelbe Spring-Mamba, die ist auch vom Aussterben bedroht. Unter uns gesagt, da bin ich doch froh, wenn das Zeug endlich weg ist. Die Spring-Mamba kann am liebsten heute Abend noch aussterben.

Eine Lebensgefahr weniger. Wunderbar!

Freilich könnte man einwenden, Bairisch ist nicht lebensgefährlich. Von wegen! Was ist denn am Volksfest, wenn du im vollbesetzten Zelt zum Nebentisch rüberschreist:

„Jezadhautsamoieiremasskriagnetsoumanandadassmiagleiinsgnackeinispriztoiswiarawassafoi!" Da wird der Nebentisch schnell zur niederbayerischen Spring-Mamba und plötzlich heißt es: Achtung, Lebensgefahr.

Wichtig ist für uns in dieser jetzigen Lage eigentlich nur die Frage, welche Sprache überlebt auf der Welt? Ich muss das wissen, sonst lerne ich zum Beispiel Englisch, aber dann heißts plötzlich: Haha, Englisch ist tot, gredt wird Suaheli, sonst nix. Und Suaheli ist sehr schwierig, glaube ich. Oder wissen Sie, was „oa Oa" auf Suaheli heißt?

Christian Springer

A echta Bayer

A echta Bayer jodlt net.
A echta Bayer schuahplattlt net.
A echta Bayer fensterlt net.
A echta Bayer macht koa Volksmusi, und
a echta Bayer wuidat aa net –
wenn Fremde dabei san.

Helmut Eckl

Bayerischer Humor

Michael Altinger
Auch das Christkind muss dran glauben
Ein total verlogenes autobiografisches
Weihnachtsbuch
1. Auflage 2019, 160 Seiten,
Format 13,5 x 20,5 cm, Hardcover
ISBN 978-3-86646-741-5 · Preis: 14,90 €

Hörbuch:
1. Auflage 2019, Spieldauer: ca. 70 Min.
ISBN 978-3-86646-742-2 · Preis: 14,90 €

Toni Lauerer
A scheene Bescherung
Neue Geschichten zur Weihnachtszeit
1. Auflage 2019, 160 Seiten,
Format 13,5 x 20,5 cm, Hardcover
ISBN 978-3-86646-328-8 · Preis: 14,90 €

Hörbuch:
1. Auflage 2019, Spieldauer: ca. 70 Min.
ISBN 978-3-86646-329-5 · Preis: 14,90 €

Toni Lauerer
Der Alltag is da Wahnsinn
1. Auflage 2016, 160 Seiten,
Format 13,5 x 20,5 cm, Hardcover
ISBN 978-3-86646-337-0 · Preis: 14,90 €

Norbert Neugirg
Tusch eineinhalbmal
176 Seiten, Format 13 x 20,5 cm,
Hardcover mit Schutzumschlag
ISBN 978-3-95587-030-0 · Preis: 16,95 €

Toni Lauerer
**Die schönsten Grimms Märchen
auf Bairisch**
1. Auflage 2018, 136 S., Format 17 x 24 cm,
durchgehend farbig, mit Illustrationen
von Heidi Eichner, Hardcover
ISBN 978-3-95587-719-4 · Preis: 19,90 €

Hörbuch:
1. Auflage 2018, 2 CDs, Spieldauer: 157 Min.
ISBN 978-3-95587-735-4 · Preis: 19,90 €

Toni Lauerer
Mei, bin i a Depp!
1. Auflage 2018, 152 Seiten,
Format 13,5 x 20,5 cm, Hardcover
ISBN 978-3-86646-371-4 · Preis: 14,90 EUR

Vogelmayer
Gaudi zum Beruf machen
1. Auflage 2018, 152 Seiten,
Format 13,5 x 20,5 cm, s/w bebildert, Hardcover
ISBN 978-3-95587-731-6 · Preis: 14,90 €

Helmut A. Binser
Wieder Dahoam
Von einem, der wegzog und wieder heimfand
1. Auflage 2016, 144 Seiten,
Format 13,5 x 20,5 cm, Hardcover
ISBN 978-3-86646-777-4 · Preis: 14,90 €

Ideal zum Verschenken

Klaus Schwarzfischer (Schwafi)
Max und Moritz af Bairisch
1. Auflage 2019, 64 Seiten, Format 17 x 24 cm,
durchgehend farbig, Hardcover
ISBN 978-3-95587-752-1
Preis: 14,90 €

Klaus Schwarzfischer (Schwafi)
Da Schtruwlbeda af Bairisch
1. Auflage 2018, 44 Seiten, Format 17 x 24 cm,
durchgehend farbig, Hardcover
ISBN 978-3-95587-709-5
Preis: 14,90 €

Michl Ehbauer
**Baierische Weltgschicht, Band 1
(farbig illustrierte Schmuckausgabe)**
6. Auflage 2019, mit Illustrationen von Heidi
Eichner, 312 Seiten, Format 14,8 x 21 cm,
durchgehend farbig, Hardcover
ISBN 978-3-86646-760-6
Preis: 19,90 €

Andreas Dick
Wos i dia wünsch
1. Auflage 2018, 128 Seiten, Format 12,5 x 18,5 cm,
farbig bebildert, Hardcover
ISBN 978-3-95587-717-0
Preis: 10,00 €

Heimat
**battenberg
gietl verlag**

Battenberg Gietl Verlag GmbH
Pfälzer Straße 11 · D-93128 Regenstauf ·
Telefon: 0 94 02/93 37-0 · Fax: 0 94 02/93 37-24
info@battenberg-gietl.de · www.battenberg-gietl.de

Folgen Sie uns auch
auf Facebook, Instagram
und Pinterest!